RECESSIES ZIJN WANNEER MILJONAIRS EN MILJARDAIRS WORDEN GECREËERD.

RECESSIES ZIJN WANNEER MILJONAIRS EN MILJARDAIRS WORDEN GECREËERD.

Door: D.K. Hawkins
Versie 1.1 ~december 2022
Gepubliceerd door D.K. Hawkins bij KDP
Copyright ©2022 door D.K. Hawkins. Alle rechten voorbehouden.

Niets uit deze uitgave mag worden verveelvoudigd, verspreid of overgedragen in enige vorm of op enige wijze, waaronder fotokopieën, opnamen of andere elektronische of mechanische methoden of via enig informatieopslag- of gegevenszoeksysteem zonder voorafgaande schriftelijke toestemming van de uitgevers, behalve in het geval van zeer korte citaten in kritische recensies en bepaald ander niet-commercieel gebruik dat door de auteurswet is toegestaan.

Alle rechten voorbehouden, inclusief het recht op gehele of gedeeltelijke reproductie in welke vorm dan ook.

Alle informatie in dit boek is zorgvuldig onderzocht en gecontroleerd op feitelijke juistheid. De auteur en uitgever geven echter geen garantie, expliciet of impliciet, dat de informatie in dit boek geschikt is voor elk individu, situatie of doel en aanvaarden geen verantwoordelijkheid voor fouten of weglatingen.

De lezer aanvaardt het risico en de volledige verantwoordelijkheid voor alle handelingen. De auteur is niet verantwoordelijk voor enig verlies of schade, hetzij gevolgschade, incidenteel, speciaal of anderszins, die kan voortvloeien uit de informatie in dit boek.

Alle afbeeldingen zijn vrij te gebruiken of gekocht van stockfotosites of vrij van royalty's voor commercieel gebruik. Ik heb me voor dit boek gebaseerd op mijn eigen waarnemingen en op vele verschillende bronnen, en ik heb mijn best gedaan om de feiten te controleren en de eer te geven waar die toekomt. In het geval dat materiaal is gebruikt zonder de juiste toestemming, neem dan contact met mij op zodat de vergissing kan worden gecorrigeerd.

De informatie in dit boek dient uitsluitend ter informatie en is niet bedoeld als bron van advies of kredietanalyse met betrekking tot het gepresenteerde materiaal. De informatie en/of documenten in dit boek vormen geen juridisch of financieel advies en mogen nooit worden gebruikt zonder eerst een financiële professional te raadplegen om te bepalen wat het beste is voor uw individuele behoeften.

De uitgever en de auteur geven geen enkele garantie of andere belofte met betrekking tot de resultaten die kunnen worden verkregen door het gebruik van de inhoud van dit boek. U mag nooit een investeringsbeslissing nemen zonder eerst uw eigen financieel adviseur te raadplegen en uw eigen onderzoek en due diligence uit te voeren. Voor zover wettelijk toegestaan wijzen de uitgever en de auteur alle aansprakelijkheid af in het geval dat informatie, commentaar, analyse, meningen, adviezen en/of aanbevelingen in dit boek onnauwkeurig, onvolledig of onbetrouwbaar blijken te zijn of resulteren in beleggings- of andere verliezen.

De inhoud van dit boek is niet bedoeld als en vormt geen juridisch advies of beleggingsadvies, en er wordt geen advocaat-cliënt relatie gevormd. De uitgever en de auteur verstrekken dit boek en de inhoud ervan op een "as is" basis. Uw gebruik van de informatie in dit boek is op eigen risico.

INHOUDSOPGAVE.

INHOUDSOPGAVE. 3

INLEIDING. 5

HOOFDSTUK 1: HOE BEREID JE JE VOOR OP EEN RECESSIE? 7

HOOFDSTUK 2: HOE DE OBSTAKELS TE DOORBREKEN. 15

HOOFDSTUK 3: OMZETGROEI TIJDENS EEN RECESSIE. 29

HOOFDSTUK 4: MARKETING TIJDENS EEN ECONOMISCHE RECESSIE. 41

HOOFDSTUK 5: UW IDENTITEIT VASTSTELLEN TIJDENS DE RECESSIE. 53

HOOFDSTUK 6: HOE UW BEDRIJF TE LATEN GROEIEN TIJDENS EEN RECESSIE. 57

HOOFDSTUK 7: HOE U KUNT STOPPEN MET PIEKEREN EN UW AANDACHT KUNT RICHTEN OP BEDRIJFSGROEI! 61

HOOFDSTUK 8: EERDER ACTIEF DAN PROACTIEF ZIJN. 67

HOOFDSTUK 9: STRATEGIEËN VOOR BEDRIJFSSTABILISATIE TIJDENS EEN RECESSIE. 75

HOOFDSTUK 10: HOE GROTE BEDRIJVEN ZELFS IN MOEILIJKE TIJDEN KUNNEN GEDIJEN. 82

HOOFDSTUK 11: UW BEDRIJF LATEN GROEIEN, ONGEACHT DE MARKTOMSTANDIGHEDEN. 94

HOOFDSTUK 12: CONCENTREREN OP INNOVATIE, NIET OP RECESSIE. 100

HOOFDSTUK 13: STRATEGIEËN VOOR HET VERHOGEN VAN DE VERKOOP TIJDENS EEN RECESSIE..107

CONCLUSIE..111

INLEIDING.

We zijn allemaal bekend met de negatieve gevolgen van een recessie, zoals werkloosheid, inflatie en nog veel meer, maar geloof me; er is ook wat goeds te vinden. In dit boek beschrijf ik de voordelen van de huidige economische neergang en hoe u binnen een maand een fortuin kunt gaan verdienen.

Ik begin dit stuk met een paar feiten. Tijdens de Grote Depressie werden meer miljonairs gemaakt dan in enig ander tijdperk. Ja, er werden meer miljonairs gemaakt tijdens een van de slechtste periodes in de Amerikaanse geschiedenis dan in alle andere tijdperken samen. Je kunt je afvragen waarom, en het antwoord is simpel.

Noodzaak! Het is geen onverklaarbaar fenomeen dat leveren wat anderen verlangen de gemakkelijkste manier is om miljonair te worden. Directe verkoop is slechts een bijproduct van de economische neergang.

Directe verkoop is de meest redelijke weg naar financiële onafhankelijkheid. Het internet is verbonden met hoe de technologie de directe verkoop verandert. De internet levensstijl is inderdaad wenselijk, maar er zijn veel voorwaarden voor succes.

Je moet toegewijd zijn aan wat je doet, anders zul je nooit het leven bereiken dat je wenst. Volgens het adagium "je moet je ego afmeten aan je financiële rekening" is jouw mening waardeloos als iemand heeft wat jij verlangt. Onderwerp jezelf daarom aan het grotere goed.

Er zijn veel meer voordelen van economische recessie dan op het eerste gezicht lijkt, maar je hebt een strategie nodig om je doelen te bereiken. Als je uiteindelijk je werk wilt opgeven, je baas wilt ontslaan of gewoon vakantie wilt nemen en meer tijd met je gezin wilt doorbrengen, heb je het verlangen al. Neem daarom de stappen die in dit BOEK worden besproken. Veel leesplezier.

HOOFDSTUK 1: HOE BEREID JE JE VOOR OP EEN RECESSIE?

Wat is precies een Recessie?

In economische termen is het de krimp van de economie gedurende ten minste twee opeenvolgende kwartalen. Bedrijven maken minder Sean John jeans en Cadillac Escalade trucks omdat Amerikaanse consumenten, die goed zijn voor ongeveer 70 procent van alle economische activiteit, minder geld uitgeven dan zes maanden geleden.

Omdat consumenten hun uitgaven blijven beperken, beperken bedrijven de productie van hun goederen en diensten en beginnen ze werknemers te ontslaan om hun uitgaven te beperken en hun winst op peil te houden. Aangezien de economische vooruitzichten somber zijn, zijn beleggers er niet langer zeker van dat bedrijven hun winst kunnen verhogen door meer producten te verkopen.

Beleggers beginnen hun aandelen te verkopen wanneer hun vertrouwen afneemt om toekomstige verliezen af te wenden. Om verliezen als gevolg van subprime hypotheken te voorkomen, begonnen veel beleggers onmiddellijk hun aandelen te verkopen, waardoor de waarde van de aandelenmarkt snel daalde.

Wat kunt u doen om uw financiën veilig te stellen?

Een parttime ondernemer worden.

Ik raad mensen aan na te denken over manieren om hun inkomen te verhogen, want als de recessie voorbij is en alles weer normaal is, zult u nog steeds die bron van inkomsten hebben en wellicht in een betere financiële situatie verkeren.

Nog belangrijker is dat u zult ontdekken hoe u "recessiebestendig" kunt worden door vele inkomstenstromen te creëren! Het is tijd om uw passie of tijdverdrijf te identificeren en inventieve manieren te bedenken om geld te verdienen met iets wat u leuk vindt!

Als u geen groot kapitaal hebt om te investeren, leen dan geld en ontdek een goedkoop product om in het weekend te verkopen als aanvulling op uw "9-tot-5"-inkomen. U kunt bijvoorbeeld onderhandelen om de hele voorraad producten op een plaatselijke garageverkoop met korting te kopen, ze vervolgens met winst door te verkopen op een plaatselijke rommelmarkt en het proces te herhalen. U zou versteld staan van de financiële resultaten.

Als de economie verslechtert, verlaagt de Federal Reserve de korte rente (bijv. kredietkaarten, autoleningen) om mensen aan te moedigen te lenen en uit te geven, waardoor de economie weer aantrekt. Nu de rente blijft dalen, is dit een uitstekend moment om geld te lenen om een bedrijf te starten.

Ik gebruikte creditcards om mijn "weekend hustle" (kleding verkopen) op de universiteit te financieren. Voordat de rente in rekening werd gebracht, betaalde ik het saldo af en herinvesteerde ik de inkomsten totdat ik voldoende geld had en niet langer afhankelijk was van de creditcard. Veel kredietkaartmaatschappijen bieden nu 0% rente, wat gratis geld is om te investeren; toch is het raadzaam de kleine lettertjes te lezen en te weten wanneer het aanbod afloopt.

Sparen, sparen, sparen!

Ik weet dat niet iedereen het temperament of de risicotolerantie heeft om ondernemer te worden. Dus, wat doe je als je geen kleine ondernemer bent maar een 9-tot-5 werknemer? Als u geen ondernemer kunt zijn, kunt u op zijn minst leren denken als een ondernemer - de uitgaven verminderen!

Onderzoek al uw uitgaven en kijk waar u geld kunt besparen. Probeer te onderhandelen met je dienstverleners, zoals je kapper, kapper, stomerij en, indien mogelijk, je huisbaas. Nadat ik mijn studie had afgerond, ruilde ik alles in.

Eerst stelde ik precies vast wat die persoon leuk of gewenst vond, vond het dan goedkoper dan zij betaalden en bood aan mijn diensten te ruilen in ruil. Ik bespaarde honderden dollars per maand door te ruilen voor eten, huur, stomerij en andere diensten.

Schuld herfinancieren.

Herfinanciering van uw schuld is een andere methode om dit jaar te profiteren van verlaagde rentevoeten. Wanneer u een lening herfinanciert, betaalt de bank of financiële instelling die u kiest uw huidige lening volledig af en sluit u een nieuwe leningovereenkomst af tegen een lagere rente. U kunt overwegen te herfinancieren naar een lagere vaste rente als u een hypotheek, autolening of creditcardschuld heeft.

Als u bijvoorbeeld een autolening van 25.000 dollar hebt met een rente van 8,5 procent, zal uw nieuwe herfinancieringsbank uw oude lening afbetalen door een cheque naar uw oude bank te sturen en u een nieuwe lening van 25.000 dollar uit te geven met een rente van 6 procent, wat waarschijnlijk de totale kosten van het voertuig en uw maandelijkse betalingen zal verlagen.

U moet onderhandelen met uw creditcardmaatschappij om uw rente te minimaliseren. Zij zullen uw rentevoet waarschijnlijk verlagen als u meer dan het minimumbedrag betaalt en niet te laat bent met uw maandelijkse betalingen.

Ook moet u in de toekomst elke zes maanden contact opnemen met uw creditcardmaatschappij om een lagere rente en een hogere kredietlimiet aan te vragen om geld te besparen en uw krediet te verbeteren.

Begin met investeren.

Wanneer is het perfecte moment om rechtstreeks of via een 401(k) of Roth IRA in de aandelenmarkt te beleggen? Gisteren! Het doel is om snel te beginnen met beleggen omdat de tijd in uw voordeel is. Volgens het nieuws presteert de beurs slecht en verliest iedereen geld. De financiële realiteit is echter dat investeren in de aandelenmarkt rijkdom creëert op de lange termijn.

Een paar maanden geleden belde mijn oom me op en riep: "De markt daalt, en ik verlies duizenden dollars. Wat adviseert u mij te doen?" Ik instrueerde hem om andere aandelen te kopen. Waarom? Omdat je investeert in de Amerikaanse economie voor de lange termijn, vaak tussen 10 en 30 jaar, je zou tegen die tijd financieel veilig moeten zijn.

Mijn oom vergat ook dat hij tot dit jaar duizenden dollars verdiende. De markt is momenteel alle slechte investeringen van de subprime hypotheekcrisis aan het uitwieden en zal uiteindelijk weer normaal worden, waardoor hij nog meer geld kan verdienen.

Als hij nu zou stoppen met beleggen, zou hij het toekomstige rendement van een ondergewaardeerde aandelenmarkt mislopen. Over tien tot twintig jaar zal de waarde van de beurs veel groter zijn dan in 2008.

U moet begrijpen dat de beurs en de Amerikaanse economie financiële ups en downs zullen kennen. Toch zullen we als grootste economie ter wereld meer financiële ups dan downs hebben. U moet actief zijn in dit spel van kapitalisme om te profiteren van de voortdurende economische vooruitgang.

Vergeet niet dat mensen met een rijke instelling geen tijd en energie verspillen aan geklaag over de gasprijzen; in plaats daarvan investeren zij in olie-aandelen, zodat als de gasprijzen stijgen, zij daarvan blijven profiteren.

Ze zijn fiscaal voorbereid omdat ze onder druk zijn gezet om veel strategieën te overwegen om meerdere inkomensstromen te verdienen. Mensen met een rijke mentaliteit vrezen geen recessies omdat zij financieel onderlegd zijn en geldkansen zien waar anderen alleen maar financiële verwoesting zien.

HOOFDSTUK 2: HOE DE OBSTAKELS TE DOORBREKEN.

Hoe gaat het met u in deze recessie, die al vele pechvogels onvermijdelijk werkloos heeft gemaakt? Heeft u elke maand genoeg geld om alle betalingen te dekken en toch nog veel over om met uw gezin door te brengen? Of moet u de broekriem aanhalen om de volgende loonstrook te halen? Met andere woorden, heeft u voortdurend meer maanden dan geld?

Wilt u liever een eenvoudige oplossing die dit binnenkort onmogelijk maakt? Lees dan verder, want ik zal u precies laten zien hoe u dat vanaf vandaag kunt bereiken, maar laat me eerst uitleggen wie u dit gratis document geeft en waarom.

Tenzij u al extreem rijk bent, de CEO van een Fortune 500 bedrijf, of tevreden bent om arm te blijven, moet u deze GRATIS studie lezen. Het zal een kleine financiële investering van uw kant vergen, maar de resultaten die u zult krijgen nadat u het stap-voor-stap actieplan dat we op deze pagina zullen schetsen, hebt uitgevoerd, zullen aantonen dat het geld goed besteed is.

Een van de eenvoudigste manieren om in uw vrije tijd een bedrijf aan huis te beginnen terwijl u voor iemand anders blijft werken, totdat dit de hele week, maand na maand, jaar na jaar werken voor een middelmatig inkomen overbodig maakt, is te bepalen wat mensen het meest kopen. Wat zijn de populairste dingen waar consumenten vandaag de dag om schreeuwen?

Er zal altijd vraag zijn naar producten waarvoor u commissie zou kunnen ontvangen van leveranciers om hen te helpen meer te verkopen. Toch zijn de beste producten om mee te beginnen de hierboven genoemde waarvoor je als affiliate alleen een link op je website hoeft op te nemen naar hun website, wat een agent is die als tussenpersoon fungeert tussen de verkoper en de koper.

Er kunnen miljoenen filialen zijn van honderdduizenden bedrijven die andermans producten op de markt brengen, maar de trieste waarheid is dat slechts een klein deel van hen een leefbaar loon kan verdienen omdat ze niet weten hoe ze moeten slagen.

Het is gratis, of zou gratis moeten zijn, om je aan te melden als affiliate en te beginnen met het adverteren van een product of assortiment. Meestal krijgt u ook uw website en affiliate-ID, terwijl alle anderen dezelfde pagina krijgen, die vaak een kopie is van de website van het bedrijf. Daardoor bent u een directe concurrent van hen en zult u nooit geld verdienen met alleen die website.

U wordt alleen gecompenseerd als iemand bij u koopt. De meeste consumenten kopen rechtstreeks van de hoofdwebsite van het bedrijf, omdat zij een fortuin kunnen uitgeven om veel gretige kopers naar hun site te lokken.

U hebt uw unieke website nodig die uw aspirant-kopers naar de hoofdwebsite stuurt, waar zij de betaling aannemen, de klant het product verzenden en u een e-mail sturen om u te laten weten dat u een verkoop hebt gedaan. Zij betalen u om de twee weken, maandelijks, of wanneer het bedrag een bepaalde drempel overschrijdt.

Het zou erg duur zijn om cheques te sturen voor betalingen zo klein als $3, hoewel de meeste affiliate betalingen, vooral voor succesvolle affiliates, groter zijn.

Als het artikel voor $100 wordt verkocht, ontvangt u $50 via cheque, directe storting of PayPal, wat sommige bedrijven vereisen.

Registreren voor een PayPal account is gratis, net als het openen van een Click Bank account, waar u tal van gewilde producten kunt vinden die u als affiliate tot 75% van de verkoopprijs bij elke verkoop kunnen opleveren, al moet u wel verkopen om geld te verdienen.

Als ik zeg "verkopen", bedoel ik dat de berichtgeving op uw website vraag genereert terwijl de hoofdwebsite van uw bedrijf de deal sluit. Anders zit je een eeuwigheid te wachten.

Hierdoor kunnen zogenaamde superfilialen astronomische bedragen verdienen terwijl de rest niets krijgt. Zij lokken gretige bevers naar hun website, vangen hun e-mailadressen en namen, leiden hen naar de hoofdwebsite van het bedrijf en creëren een relatie met hen.

Waarom zouden mensen u vertrouwen? Vrijwel niemand zal bij zijn eerste bezoek bij u kopen, vooral als hij niet weet wie u bent. Daarom kan het vele e-mails met nuttig gratis advies vergen voordat zij bereid zijn hun vertrouwen in u te stellen en de goederen te kopen die u voorstelt.

Bovendien, waarom zou u mij daarin geloven? Aangezien ik u geen cent of dubbeltje kost, hoeft u dit bericht alleen maar te verwijderen als u wat ik zeg waardeloos vindt; u zou echter de grootst mogelijke fout maken als u dat zou doen zonder verder te lezen.

De meeste zogenaamde goeroes willen dat u hen vooraf betaalt om iets te leren zonder te weten of wat zij zeggen waar is of dat u geld zult verdienen met de informatie die zij verstrekken.

Ik wou dat ik een cent had voor elke website of e-mail met de kop "U kunt 30.000 dollar verdienen in 15 dagen," alsof een beginner dat zou kunnen. Ja, varkens die snel genoeg kunnen rennen, kunnen leren vliegen.

Iemand die zijn internetbedrijf al een jaar of twee succesvol runt en honderden of duizenden identieke producten heeft verkocht aan zijn toegewijde consumenten kan dat geld verdienen en soms nog veel meer. Toch, als je een beginner bent, ben je slechts aan het wensen.

Maar genoeg daarover; laten we verder gaan met hoe en waarom je dit zou moeten gaan doen. Waarom zouden mensen die niet slimmer zijn dan jij tien keer of meer geld per dag verdienen dan jij, terwijl jij je vier tot zes weken lang doodwerkt, is een vraag die ik gemakkelijk kan beantwoorden.

Het is een realiteit dat sommige studenten die op school geen noemenswaardige cijfers haalden, tegenwoordig multimiljonair zijn, terwijl degenen die uitblonken voor peanuts de straat aanvegen. Rijkdom wordt niet langer geassocieerd met intelligentie, denkkracht of bovenmenselijkheid. Door de kracht van het internet kunnen gewone mensen vaak miljoenen verdienen en genieten van een weelderige levensstijl met elke dag veel vrije tijd.

Veel mensen denken dat meer geld hebben slecht of verkeerd is, maar begrijpen niet waarom iedereen zou moeten proberen aanzienlijke rijkdom te vergaren. Als je rijk bent, kun je veel goede doelen en mensen in nood steunen. Maar als je arm bent, kun je niet eens jezelf helpen.

Ik ben eerder arm geweest en haatte dat, dus probeer ik nu rijk te worden, zodat ik anderen kan helpen in plaats van al mijn geld uit te geven aan dure herenhuizen, auto's, vakanties, juwelen en horloges. Als ik veel geld over heb, zou ik me slecht voelen als ik niet ook doneerde om anderen in grote nood te helpen.

Bijgevolg geeft 85 procent van degenen die miljoenen winnen in de Nationale Loterij in het Verenigd Koninkrijk doorgaans binnen een paar jaar alle centen uit en eindigen ze armer dan voorheen. Ze verspillen al hun geld aan pleziertjes die ze zich niet kunnen veroorloven, zonder te investeren in iets dat een gestage inkomstenstroom waarborgt.

Wanneer ze hun rijkdom ontvangen, krijgen ze veel nuttige adviezen, maar ze zijn hebzuchtig en weigeren te luisteren. Aan de andere kant blijven mensen die rijk worden door hun bedrijf bijna altijd rijk, omdat ze, nadat ze hebben geleerd hoe ze geld moeten creëren, gemotiveerd raken om meer te verdienen om hun fortuin te behouden.

Zelfs als hun bedrijf in moeilijke tijden mislukt, maken ze vaak een doorstart en worden ze weer rijk omdat ze weten wat ze moeten doen en leren van hun ervaringen.

Dus laten we beginnen als ondernemer en ons bevrijden van de ketenen van afhankelijkheid van loonslaven die u hebben verhinderd uw geboorterecht, een redelijke levensstandaard, te bereiken.

Wat is de stapsgewijze strategie die we toepassen? Ik zal het u meteen vertellen.

STAP 1.

Bepaal waar je het meest in geïnteresseerd bent om te doen of aan te werken, want iets doen waar je plezier in hebt zal je eerder motiveren om te werken dan een baan die je alleen voor het geld doet.

Ga na of veel mensen op zoek zijn naar informatie of een oplossing voor een probleem dat vergelijkbaar is met jouw passie of expertise.

Kunt u hen vinden en bieden wat ze nodig hebben?

Hoeveel andere websites voeren deze functie al uit, en kunt u deze beter uitvoeren?

Zijn zoekers bereid te betalen voor antwoorden; als andere websites concurreren, moet er een mogelijkheid zijn om inkomsten te genereren.

Als er te veel websites zijn, kan het beter zijn om een andere hongerige, gretige markt te vinden om te bedienen of om een affiliate te worden van de best verkopende site als die een affiliate aanmeldingspagina heeft.

Als u eenmaal een kleine hoeveelheid concurrentie hebt geïdentificeerd, bepaal dan hoeveel mensen elke maand online naar die informatie zoeken.

U moet een niche in die markt vinden waar weinig mensen informatie verstrekken of niet adequaat verstrekken.

Stel dat u van golfen houdt. Als u "golf" invoert in Google, krijgt u meer dan een miljoen onbruikbare resultaten omdat honderden websites golfuitrusting verkopen, golfbanen promoten en golflessen aanbieden. Daarom moet u een marktsegment vinden met aanzienlijk minder concurrentie om uw kansen om geld te verdienen te vergroten.

Als u probeert uw golfslice te "repareren", zullen uw cijfers beginnen te verbeteren, maar u moet veel tijd besteden aan dit essentiële onderzoek; anders zult u niet snel kunnen stoppen met uw werk.

Een niche is een zeer gespecialiseerd marktsegment; als je je specialiseert, heb je een veel betere kans om je eerste bedrijf te lanceren. Zodra u een waarschijnlijke groep mensen hebt geïdentificeerd die op zoek zijn naar antwoorden, maar deze moeilijk kunnen vinden, kunt u hen voorzien van wat ze nodig hebben door ander internetonderzoek uit te voeren.

Er zijn veel categorieën op Click Bank waar u kunt ontdekken wat anderen kopen. Amazon en eBay zijn ook uitstekende bronnen. Vergeet niet het aantal Google-zoekopdrachten met sleuteltermen te bepalen. De lijst van golf-gerelateerde zinnen omvat "golfboeken, golf, hoe golf te spelen, hoe te spelen als een pro," enz.

Nadat je besloten hebt waar je je eerste bedrijf op gaat baseren, zoek je iemand die een affiliate link op zijn website heeft, meld je je aan, en ontwikkel je een website met een samenvatting van de voordelen van het product, dat je zelf zou moeten kopen en gebruiken. Vervolgens kun je een boek samenstellen waarin je beschrijft hoe je leven enorm is verbeterd sinds je het product hebt gekocht.

Maak dit zo verleidelijk mogelijk zodat iedereen die het leest het zal willen hebben, maar alleen als het waar is wat u zegt. Als u probeert te doen alsof, zullen ze het merken, en u zult geen geld verdienen, dus concentreer u op de voordelen in plaats van de kenmerken en koop alleen wat u echt nodig hebt.

De automatische transmissie met zes versnellingen van een voertuig is irrelevant. Het is gunstig om te vertellen dat de versnellingen zo soepel verlopen dat je ze nauwelijks opmerkt. Niemand raakt enthousiast over lederen zetels, maar het is een pluspunt als je zegt dat je 350 mijl hebt gereden en aangekomen bent ruikend naar een madeliefje.

De voordelen, niet de kenmerken, motiveren de consument om uw aanbod te accepteren. Het is een kwestie van "wat zit er voor mij in", want niemand zal er iets om geven dat u het geld nodig heeft, tenzij ze geloven dat hun leven er beter van wordt.

Dus, wat willen mensen vandaag dat u kunt leveren en waarvoor ze bereid zijn geld uit te geven? Bedenk wat uw leven aanzienlijk beter zou maken. Is er een manier om veel meer geld te verdienen zonder lang te werken?

Veel mensen zoeken daar naar antwoorden, maar de meerderheid wordt uiteindelijk te vaak gedupeerd of raakt ontmoedigd als ze beseffen dat er, tenminste in het begin, hard gewerkt moet worden.

Zij die zoeken naar eenvoudige oplossingen, grote sommen geld en weinig of geen inspanning zullen voortdurend vallen voor "snel rijk worden" schema's en armer worden. De realiteit is dat er geen gemakkelijke kortere weg naar rijkdom is, en alleen degenen die verwachten dat alles hun wordt aangereikt trappen nog steeds in dergelijke regelingen. Daarom, hoe hard bent u bereid te werken tijdens uw zes uur vrije tijd thuis elke week?

Enige inspanning nu zal uw leven van gewoon naar buitengewoon veranderen; is dat niet de moeite waard? Ben je bereid om ervoor te gaan, of ben je tevreden om te blijven doen wat je niet het gewenste leven heeft opgeleverd? Je hebt een keuze, dus kies de juiste, of je zult je altijd afvragen, wat als?

HOOFDSTUK 3: OMZETGROEI TIJDENS EEN RECESSIE.

Er is altijd een positief aspect aan elke omstandigheid. Hoewel ik erken dat een recessie uw bedrijf kan beïnvloeden, dicteert het niet het resultaat ervan. U hebt dit zelf in de hand, maar weinig ondernemers begrijpen hoe dat moet. Zodra dit inzicht in uw wezen en werking is ingebakken, wordt een stijgende omzet tijdens een recessie waarschijnlijker; het wordt een patroon dat hoog- en laagconjunctuur overstijgt!

Naar mijn mening benadrukt en versterkt een recessie de inefficiënties en slechte praktijken van een bedrijf dat mocht overleven in een markt die omhoog ging.

In goede tijden zijn de meeste bedrijven tevreden met een bevredigend rendement op hun investeringen, en weinigen zien in dat ze een aanzienlijk hogere omzet zouden kunnen behalen als ze zich realiseren dat de interne dynamiek van hun bedrijf niet nauwkeurig is.

Ook hebben goede tijden de neiging "luiheid" in het bedrijfsleven te bevorderen, wanneer er weinig motivatie is om te leren, de grenzen van de omzetgroei op te zoeken of systemen/acties die weinig bijdragen tot een hogere omzet kritisch te evalueren.

Recessietijden hebben ook de neiging het gebrek aan ideeën en oplossingen van veel van onze zogenaamde zakelijke "leiders" bloot te leggen. Leiders en vernieuwers zijn degenen die pionieren en voortdurend de grenzen van hun bedrijfstak verleggen. Helaas zijn er zo weinig echte leiders en vernieuwers.

Ze gedragen zich zo in goede en slechte tijden omdat ze zijn wie ze zijn. Zij zijn altijd op zoek naar manieren om de verkoop te verhogen. Zij erkennen dat de huidige toestand van hun bedrijf een rechtstreeks gevolg is van acties en beslissingen uit het verleden. Als het resultaat onbevredigend is, veranderen zij hun beslissingen en activiteiten om gunstige resultaten te genereren.

Leiders en vernieuwers vormen een zeer klein deel van het bedrijfsleven. Bijgevolg kunnen zij omzetgroei blijven genereren. Toch zijn zij in geen enkele markt moeilijk te ontdekken - hun ondernemingen zijn de weinigen die altijd actief lijken, altijd klanten hebben, en doorgaans worden erkend als de marktleider in hun bedrijfstak. Maar zoals gezegd, het zijn er maar een paar.

Waarom is dat zo?

Wat weten of doen zij dat onderscheidend is?

De eenvoudige verklaring is dat de eigenaars van dergelijke welvarende ondernemingen niet denken of handelen zoals de meeste andere eigenaars. Deze mensen zijn betrokken bij alle facetten van hun bedrijf. Ze hebben extreem hoge verwachtingen van zichzelf, hun werknemers en hun bedrijf.

Deze winstgevende bedrijven zijn niet het resultaat van toeval. Zij maken onderscheid dat de meerderheid niet maakt. Het is zo simpel als kijken naar hetzelfde item vanuit een nieuw perspectief.

De meest doeltreffende techniek om het u duidelijk te maken is u de volgende vragen te stellen:

1. Heeft u diepgaande kennis van uw producten/diensten?
2. Bent u zich bewust van de unique selling points van uw bedrijf?
3. Bent u zich ervan bewust dat 1% van uw acties 98% van uw omzet kan opleveren?
4. Bent u zich ervan bewust dat klantenverlies kan leiden tot meer winst?
5. Weet u zeker dat uw bedrijf de grootste is in de lokale markt?
6. Heeft u diepgaande kennis van uw lokale markt?
7. Zoekt u actief naar verandering?
8. Bent u zich bewust van het grote onderscheid tussen ondernemers en ondernemers?
9. Kent u uw huidige financiële positie?
10. Besef je dat er niet zoiets bestaat als concurrentie?

11. Bent u zich ervan bewust dat alle antwoorden op alle vragen te vinden zijn binnen uw organisatie?

Positieve en snelle antwoorden op deze vragen wijzen op toonaangevende bedrijven. Zij kiezen bedrijven met een missie en een solide basis die gericht is op uitbreiding.

Als u op een van deze vragen "nee" hebt geantwoord, zou ik zeggen dat uw bedrijf niet is "verankerd" op een stabiel fundament en waarschijnlijk wordt gedragen door de wind van de recessie. Het goede nieuws is dat uw bedrijf het grootste potentieel heeft voor een snelle en robuuste omzetgroei - EVEN IN DIT ECONOMISCHE KLIMAAT!

Laten we de eerste vraag nader onderzoeken.

De eerste stap voor mensen die in de cafébranche werken is het onderzoeken van de schakels in de toeleveringsketen van elk product en het verzamelen van de meest actuele en nauwkeurige informatie over welke producten/leveranciers absolute consistentie en de beste kwaliteit bieden.

Zodra de verkoop daalt, reageren de eigenaars onmiddellijk om te snijden in alle bedrijfskosten. Hoewel het lovenswaardig is om te proberen de bedrijfskosten te verlagen, zal dit ten koste gaan van de consistentie en de kwaliteit van de producten en de verkoop rechtstreeks en negatief beïnvloeden.

Bovendien hebben sommige producten een grotere deskundigheid op het gebied van verwerking nodig om totale uniformiteit en de beste kwaliteit te garanderen. Als een product, zoals koffie, eenmaal op prijs is gecompromitteerd, gaan de consistentie en kwaliteit ervan tijdens de verwerking meestal verder achteruit.

Waarom is dit zo?

Vaak is er een direct verband tussen organisaties die prioriteit geven aan kostenbesparingen en een gebrek aan opleiding van werknemers. Wanneer een barista de expertise en vaardigheden mist die nodig zijn om koffiebonen met absolute consistentie en de grootst mogelijke kwaliteit te bereiden, krijgt de eindklant een product dat onder de maat is en zich niet onderscheidt van de lokale markt.

Ik heb veel bedrijven onbedoeld een punt van differentiatie zien genereren met hun inconsistente en ondermaatse koffie.

Zoals eerder gezegd, is de frontlijn slechts één schakel in de koffieketen. Als een schakel totale consistentie bij de hoogst mogelijke kwaliteit mist, daalt het vermogen van een bedrijf om de verkoop snel en snel te verhogen aanzienlijk.

Superieure expertise, voortdurende vergelijkende analyse en een ongeëvenaarde toewijding aan kwaliteit kunnen een bedrijf aanvankelijk "kosten" opleveren, maar het rendement op omzetgroei is niets minder dan opmerkelijk. Zou een groeipercentage van 100 tot 1000% per jaar uw interesse wekken?

Voor dit soort prestatieverbetering noem ik deze aanvankelijke "kosten" liever een "investering met hefboomeffect". Ik heb met meer dan duizend koffiebedrijven gewerkt. is deze eenvoudige strategie herhaaldelijk effectief gebleken.

Ik heb ontdekt dat de grootste belemmering voor een accentverschuiving de moeilijkheid is voor bedrijfseigenaren om te accepteren dat een beetje meer investeren om producten van de hoogste kwaliteit op de markt te krijgen (in plaats van te bezuinigen) de verkoop aanzienlijk kan verhogen. Simpel gezegd geloven ze niet dat de door mij genoemde groeipercentages mogelijk zijn.

Oude gewoonten zijn moeilijk te veranderen. Als ik gewend was aan een gemiddeld rendement over een aantal jaren en zag dat andere bedrijven om mij heen hetzelfde bereikten, zou ik een gemiddeld rendement als de norm beschouwen.

De realiteit is dat een bedrijf NOOIT zijn weg naar succes kan redden; het moet zijn weg naar succes VERKOPEN, en de beste manier om dat te doen is door klanten een beter product tegen een redelijke prijs aan te bieden. Merk je dat ik niet nodig had dat je spullen goedkoop zijn?

Het goedkoopste product in de stad zijn trekt goedkope klanten aan, wat de werkdruk van uw personeel verhoogt voor weinig geld. Waar voor je geld bieden trekt degenen aan die bereid zijn ervoor te betalen en verhoogt je rendement.

Toch volstaat het niet aan te nemen dat de duurste producten op de markt de hoogste kwaliteit hebben. Een mix van elementen maakt het ene product superieur aan het andere voor uw bedrijf. Factoren zoals:

- Het niveau van marktrijpheid, d.w.z. de mate van verfijning van de smaak van de consument voor het betrokken product.
- De vergelijkende analyse wordt objectief en via een focusgroep uitgevoerd; zij wordt nooit subjectief uitgevoerd.
- Het vaardigheidsniveau, de deskundigheid en de ervaring van de fabrikant.

- De kwaliteit van de eerste grondstoffen, vaak bekend als de oorsprong of antecedenten.
- Misschien het belangrijkste, welk product vervult het overkoepelende strategische doel van de onderneming (ik neem aan dat dit in de meeste gevallen inkomstengroei is, maar dit is niet altijd het geval geweest.)

Zoals u ziet, is er veel meer werk en denkwerk nodig dan de meeste ondernemers zich voorstellen of durven na te streven. Ongeacht de recessie is een snelle en versnelde omzetgroei de beloning voor het doorzetten en onderzoeken van de details achter elke vraag in dezelfde mate als de eerste.

Het is haalbaar om uw bedrijf bestand te maken tegen ELKE externe variabelen door concentratie en ijver. Dit geldt ook voor economische omstandigheden en consumentenkooptrends. De bovenstaande vragen leveren de informatie die nodig is om uw bedrijf in die richting te ontwikkelen.

Topbedrijven weten dat de interne toestand van hun bedrijf bepalend is voor de verkoopresultaten en de algemene winstgevendheid van hun bedrijf. Om uw bedrijf naar deze "ultieme" staat te brengen, is het essentieel om geavanceerde informatie te verwerven en deze binnen uw organisatie te implementeren. Alleen de kennis, systemen en activiteiten die de verkoop snel doen toenemen moeten worden goedgekeurd. Al het andere is verspilde tijd en moeite.

Verder is het essentieel uzelf nooit te overtuigen dat uw kennis voldoende is. Niemand doet dat ooit, en dit begrijpen zorgt ervoor dat u en uw organisatie blijven zoeken naar nieuwe mogelijkheden en positieve vooruitgang boeken ondanks voortdurend veranderende marktomstandigheden.

Ironisch genoeg is het eenvoudig te begrijpen, maar moeilijk uit te voeren. Hoe meer u en uw medewerkers die kennis leren, organiseren en gebruiken, hoe hoger uw omzet zal zijn. Daarom zijn er zo weinig ondernemingen aan de top.

Alle anderen lijden onevenredig zwaar tijdens recessies. Ik hoop dat ik u ertoe heb aangezet na te denken over hoe uw bedrijf nu functioneert. In deze economische situatie zal niets anders dan een stijging van de verkoop bewijzen dat u enkele van de bovenstaande suggesties toepast.

HOOFDSTUK 4: MARKETING TIJDENS EEN ECONOMISCHE RECESSIE.

Of er al dan niet een recessie komt, staat nog ter discussie. Voor veel bedrijven ligt het echter wel gevoelig. Moet u uw marketinguitgaven handhaven of ze uitstellen tot de economie verbetert?

Laat uw merk zichzelf verkopen.

Wanneer de stabiliteit van de economie in het geding is, is de eerste reactie van veel bedrijven om hun marketingactiviteiten terug te schroeven totdat de haussemarkt terugkeert. Er is geen beter moment om te marketen dan tijdens een echte of vermeende recessie.

Tijdens de economische recessie van 1990-1991 verklaarde John Vanderzee, voormalig reclamemanager voor de Ford-divisie van Ford Motor Company: "Iedereen die zich terugtrekt vanwege de recessie heeft zijn kop in het zand gestoken." Vanderzee merkte toen op dat investeren in marketing tijdens een recessie essentieel is.

Een recessie kan worden gezien als een kans in plaats van een doodvonnis. Klanten beoordelen hun alternatieven zorgvuldig en zullen blijven zoeken naar betaalbare producten en diensten van hoge kwaliteit naarmate ze kostenbewuster worden. U loopt al voor als uw product of dienst synoniem is met waarde.

Bovendien kunnen uw concurrenten minder opvallen, omdat veel bedrijven de kans niet onderkennen en hun marketinguitgaven verlagen. Daardoor laten ze kansen op marktaandeel liggen. Als gevolg daarvan vallen uw lopende marketingactiviteiten op en is de kans groter dat ze worden gehoord omdat er minder buzz in de markt is.

Tijdens een recessie kan een sterk merk enorme voordelen opleveren en het succes van uw marketingactiviteiten sterk vergroten. Stel dat uw merk waarde heeft voor uw publiek, goed wordt beheerd, een emotionele band met uw doelgroep creëert en loyaliteit opwekt. In dat geval zult u het waarschijnlijk goed doen tijdens een vermeende recessie.

De Retirement Red Zone-campagne van Prudential is daar een voorbeeld van. De campagne gaat in op de pensioenzorgen van consumenten en stelt het publiek gerust dat zij hun pensioendoelstellingen kunnen bereiken ondanks het huidige economische klimaat.

Met behulp van televisie-, radio- en printadvertenties leidt de campagne consumenten naar de website van Prudential. Ze kunnen in contact komen met persoonlijke adviseurs en hebben toegang tot verschillende instructietools, hulpmiddelen en informatie op de website.

Vrees niet als uw merk niet voldoet aan de bovengenoemde normen. Nu is een uitstekend moment om de zichtbaarheid te vergroten (vaak te midden van minder concurrentie). Neem de tijd om uw merk te perfectioneren en met uw publiek te communiceren om de waarde ervan te benadrukken.

Ook kunt u een bekend merk hebben en toch een superieur product of dienst. U kunt zich afvragen of uw publiek zal blijven "verwennen" in moeilijke tijden. Als u uw merk doeltreffend hebt gedefinieerd en versterkt, zullen uw kernklanten blijven kopen. Neem Tiffany's als voorbeeld.

Ondanks economische recessies blijft Tiffany's bloeien. Mensen blijven kopen ondanks de prijs omdat de kwaliteit en de blijvende aantrekkingskracht van het merk zijn versterkt. De blauwe tint van de verpakking is onmiddellijk herkenbaar, zelfs zonder de naam van het merk. Het communiceert het merk zonder woorden te gebruiken.

Je denkt aan hoop als je een envelop of pakje van Tiffany's ziet. Belofte. Iets van waarde en verfijning Tiffany's artikelen mogen dan duur zijn, ze staan voor kwaliteit en roepen krachtige, aangename gevoelens op bij hun doelgroep.

Bovendien zijn er mogelijkheden om uw merk nieuw leven in te blazen. Gebruik deze gelegenheid om uw medewerkers opnieuw te informeren over het belang van merkentrouw en hoe die helpt om de verkoop in tijden van economische neergang op peil te houden.

Dit is precies wat Tylenol heeft bereikt en zijn interne toewijding heeft omgezet in externe marketing. Het bedrijf creëerde een campagne waarin zijn werknemers het merk promoten en hun loyaliteit aan de organisatie uitdrukken.

U kunt uw merk ook heroriënteren om een groter of nieuw publiek aan te spreken. De campagne van Dove voor echte schoonheid pakte de onmogelijke en onredelijke schoonheidsnormen van de maatschappij voor vrouwen aan door te verklaren: "Je bent mooi zoals je bent".

Ter ondersteuning van deze campagne moedigde Dove alle vrouwen aan hun natuurlijke schoonheid te erkennen. De campagne betrok het publiek onder meer door hen in staat te stellen hun verhaal te vertellen, hun campagnes voor ware schoonheid op te zetten en deel te nemen aan wedstrijden en blogs. Daardoor hielp het publiek bij de promotie van het merk Dove.

Vergeet niet dat de economie zich uiteindelijk zal herstellen. Consistente marketing tijdens een recessie helpt het momentum te behouden. Het drukt een onuitwisbare stempel op het geheugen van uw doelgroep, waardoor ze eerder geneigd zijn terug te keren naar een stabieler economisch klimaat. Wie zijn marketinginspanningen tijdens een recessie opgeeft of beperkt, heeft het aanzienlijk moeilijker om weer op te krabbelen zodra de economie zich herstelt.

Limonade maken van citroenen.

Uw bestaande marketingstrategie moet rekening houden met economische recessies, en er is geen pasklare oplossing. U moet de merkwaarde van uw bedrijf en de waarde van uw producten/diensten onderzoeken om de optimale methode te vinden. Niettemin zijn hier enkele strategieën om te overwegen:

Herhaal de zorgen van het publiek.

Laat vervolgens zien hoe uw product of dienst hun zorgen kan wegnemen. Alvorens te kopen, zal uw publiek garanties zoeken dat uw product of dienst grote voordelen en een goede waarde zal bieden. Quaker Oats herontwierp zijn product in antwoord op de economische neergang van de vroege jaren negentig, waardoor het met een sombere verkoop kampte.

Eerst namen ze de betrouwbare, grootvaderlijke acteur Wilford Brimley in dienst als woordvoerder. Vervolgens benadrukten ze dat haver een goedkope bron van eiwitten was, waarbij een kom slechts negen cent kostte. Het resultaat was een stijging van de verkoop.

Concentreer je op een nichemarkt.

Bepaal welke sector van uw doelmarkt uw diensten het meest nodig heeft. Deze klanten zullen eerder ontvankelijk zijn voor uw boodschap. Zoek manieren om toegevoegde waarde te bieden, bijvoorbeeld door middel van extra of uitgebreide diensten. Dit zal u helpen hun zaken te verdienen en vertrouwen en loyaliteit te wekken dankzij uw aanpassingsvermogen in een uitdagende zakelijke omgeving.

Een onaangeboorde markt aanboren.

We werken elke dag op steeds grotere schaal. Zoeken naar voorheen onaangeroerde markten, vooral die in het buitenland. Naarmate naties zoals China zich blijven vestigen in de wereldeconomie, zullen er twee dingen gebeuren: de uitgaven zullen toenemen, en deze naties zullen meer westerse goederen en diensten kopen. Gebruik deze kans om een concurrentievoordeel te krijgen.

Toon uw onmisbaarheid aan klanten aan.

Zelfs als je het bouwt, is dat geen garantie dat de mensen zullen komen. Bedrijven moeten hun waarde voor klanten aantonen, vooral tijdens een recessie.

Zorg voor solide case studies, voorbeelden van hoe de klanten van uw doelgroep zouden profiteren van uw diensten/producten, en successtatistieken van klanten om uw waardevoorstel te ondersteunen. Een gerenommeerd merk straalt waarde uit en bevordert zo de loyaliteit van de klant.

Een beroep doen op de emoties van de prospects.

Het is geen toeval dat succesvolle campagnes een beroep doen op de merkentrouw en de emoties van klanten. Wendy's gaf toe dat de recessie van de jaren '90 hard was, maar dat je in hun restaurant nog steeds goed kon eten. Hamburgers werden op bestelling bereid met vers gemalen rundvlees. De overvloedige en voedzame saladebar was een all-you-can-eat optie.

Tijdens die periode van economische tegenspoed bleef hun verkoop constant. Hoewel uw boodschap zeer effectief is, moet u ervoor zorgen dat deze authentiek is, de waarden en het gedrag van uw doelgroep weerspiegelt en eenvoudig is over te brengen.

Waarom? Omdat een boodschap die zeer visueel en emotioneel geladen is, meer kans heeft om een rimpeleffect teweeg te brengen wanneer klanten het merkbewustzijn verspreiden. In wezen worden uw klanten en prospects een marketingmiddel.

Overbrug de communicatiekloof. In het bedrijfsleven heeft de technologie het belang van menselijke interactie overschaduwd. Hoe geavanceerd technologie ook wordt, het kan de kracht van menselijke banden niet vervangen. Gebruik deze strategie om uw klanten en gekwalificeerde leads persoonlijk te ontmoeten.

Vraag hen naar hun huidige zorgen en obstakels en hoe u hen zou kunnen helpen. Aandachtig luisteren en klanten helpen bij het oplossen van hun problemen is een lange weg naar het behoud van het marktmomentum.

Bekijk uw goederen of dienst in een nieuw licht. Uw producten of diensten kunnen in het verleden succesvol zijn geweest. Tijdens een economische neergang kunt u niet vertrouwen op een "same old, same old"-mentaliteit. Onderzoek uw product of dienst opnieuw om nieuwe toepassingen of voordelen voor de klant te identificeren.

Tijdens de recessie van 1990-1991 promootte Kraft Foods zijn A-1 Steak Sauce als een uitstekende smaakmaker voor hamburgers naast de entrecote. In die periode waren consumenten minder geneigd filet mignon te eten en meer geneigd gemalen rundvlees te eten. Daarom was dit een wijs besluit.

Geef geld uit aan artikelen en diensten die het goed doen in een recessie. Tijdens dezelfde economische neergang verschoof Dow Chemical Company zijn marketingbudget van Glass Plus-reiniger naar Ziploc-diepvrieszakjes, een toen nieuwe productlijn. Het bedrijf benadrukte het vermogen van deze zakjes om restjes vers te houden. Opnieuw een slimme zet, want steeds meer consumenten gaven minder uit en verspilden minder.

Evaluatie en uitvoering van effectieve merk- en marketingstrategieën kunnen u helpen uw omzet in moeilijke tijden op peil te houden. In werkelijkheid kunt u, ondanks de sombere voorspellingen, uw merk uitbreiden als u het op de juiste manier opbouwt en adverteert.

Recessietijden vragen om proactieve acties.

In moeilijke tijden is het essentieel vertrouwen op te bouwen bij uw klanten, hun waarden en gewoonten te begrijpen en zichtbaar te blijven met een boodschap die tegemoet komt aan hun problemen. Als u de marktwaarde van uw merk blijft bepalen en beheren, zal uw bedrijf elke economische inzinking kunnen doorstaan.

De mogelijkheid van een recessie kan veel mensen aanzetten tot reactief handelen. Neem in plaats daarvan een proactieve houding aan en ontdek mogelijkheden voor uw bedrijf om van deze situatie te profiteren. Door dit te doen zal uw bedrijf sterker worden en, misschien, met een paar nieuwe consumenten.

HOOFDSTUK 5: UW IDENTITEIT VASTSTELLEN TIJDENS DE RECESSIE.

De wereldwijde economische recessie heeft geleid tot de ondergang van veel van 's werelds grootste bedrijven en organisaties, van luchtvaartmaatschappijen tot financiële instellingen. Omdat hij voor een van deze bedrijven of groepen werkte, is dit waarschijnlijk de reden waarom uw buurman nu meestal thuis is.

De opkomst van de scherpzinnige zakenman.

De realiteit zegt dat er niet zoiets is als werkzekerheid. Huizen worden steeds vaker in beslag genomen en ontslagen zijn aan de orde van de dag. Mensen verliezen meer vertrouwen in zichzelf dan in hun bazen. Elk klein bedrijf is ook kwetsbaar als belangrijke marktleiders gevoelig zijn voor de economische malaise. Klopt dit?

Hoewel dit tot op zekere hoogte waar is, zal een bepaalde intelligente ondernemer opduiken tijdens deze hiaatperiode, een tijd van financiële onzekerheid voor individuen, gezinnen, ondernemingen en organisaties. Tijdens deze periode zullen veel intelligente individuen gaan floreren.

Er is altijd beweerd dat een recessie een perfect moment is om een bedrijf te beginnen. Tijdens dit moment beginnen bedrijven die luxe producten en diensten verkopen slecht te functioneren, terwijl bedrijven die eerste levensbehoeften verkopen het goed doen. Ik denk dat dit het perfecte moment is om er een op te richten, ook al lijkt dit voor de meeste mensen dwaas en riskant.

U kunt munt slaan uit het feit dat uw buurman werkloos is door te beseffen dat duizenden anderen in dezelfde situatie verkeren. Zonder het negatief te bedoelen, kunt u uw eigen bedrijf oprichten door een product of dienst te leveren waar de markt behoefte aan heeft.

De meeste mensen denken dat ze op dit moment geen bedrijf kunnen beginnen omdat alle grote bedrijven failliet gaan, dus veronderstellen en concluderen ze dat zij ook zullen falen. Nogmaals, er bestaat niet zoiets als "ik kan het niet" of "wij kunnen het niet", want we zijn allemaal mensen en competent. Wie had gedacht dat een van deze grote spelers zou instorten als Goliath? Niemand is aanwezig.

Dit is de kans om een merk te worden.

Als u uw eigen bedrijf wilt starten en een merk wilt vestigen, is dit het moment om dat te doen. Terwijl de meeste bedrijven geld verliezen, betekent dat niet altijd dat u dat ook zult doen.

Begin een bedrijf dat een product of dienst levert die mensen al nodig hebben en waar ze niet zonder kunnen. Vergeet niet dat consumenten hun uitgaven hebben verminderd en hun bestedingsgewoonten hebben veranderd.

We geven meer van ons geld uit aan goederen die we nodig hebben en die waardevol voor ons zijn. Als je een bedrijf begint dat een product of dienst verkoopt die mensen niet willen of niet waarderen, kun je geld verliezen en mislukken.

In plaats van te klagen en je zorgen te maken over de recessie en tegen jezelf te zeggen dat er geen banen zijn, kun je profiteren van de crisis door je eigen bedrijfje te starten en jezelf te profileren als een succesvolle ondernemer die zich heeft opgewerkt tijdens de ergste economische depressie sinds de Tweede Wereldoorlog.

HOOFDSTUK 6: HOE UW BEDRIJF TE LATEN GROEIEN TIJDENS EEN RECESSIE.

Ondanks het onheil bereiden verstandige ondernemers zich voor op een eventuele economische comeback. Nu klanten bezuinigen, verkoopcycli langer worden en de inkomsten dalen, is de verleiding groot om de inspanningen op het gebied van marketing, verkoop en klantenservice drastisch te verminderen.

Hoe dan ook, de telefoon gaat misschien minder over, klanten geven misschien minder uit, en het is moeilijk om de lopende uitgaven voor marketing, verkoop en klantenondersteuning op te vangen. Nu is het tijd om standvastig te blijven en uit te breiden.

Studies hebben herhaaldelijk aangetoond dat bedrijven die hun marketing en klantenservice voortzetten of uitbreiden tijdens een recessie marktaandeel winnen en er sterker uitkomen wanneer de crisis voorbij is.

Dat betekent niet dat u roekeloos moet uitgeven. Er zijn echter drie kritieke gebieden waarin u nu moet investeren om uw organisatie tijdens het herstel naar een hoger niveau te tillen.

In moeilijke economische tijden is het marketingbudget het eerste waarop bedrijven bezuinigen. Maar in werkelijkheid vergroot zo'n manoeuvre alleen maar de pijn. Over een paar maanden wordt uw toekomstige succes bepaald door de marketing- en reclamemiddelen die u vandaag inzet. De vraag verdwijnt niet per se tijdens een recessie, maar de verkoopcycli worden langer naarmate de bevrediging wordt uitgesteld.

Terwijl uw concurrenten hun budgetten verlagen, zal het behoud van het uwe uw stemaandeel in de door u gekozen media en in de hoofden van uw klanten vergroten. Om de grenzen te verleggen, kunt u deze gelegenheid aangrijpen om eersteklas reclameslots te verwerven die vroeger in handen waren van concurrenten of om marketingstrategieën uit te testen die u in uw achterhoofd had. U hebt nu waarschijnlijk meer tijd om eraan te besteden.

1. Klantenservice - Een andere effectieve methode om te profiteren van een recessie is het verbeteren van de klantenservice. U kunt minder zaken doen, maar dat verhoogt alleen maar de waarde van elke potentiële en bestaande klant. Uw consumenten door een labyrint van touch-tone opties laten navigeren of hen met een voicemailbox begroeten kan u op korte termijn geld besparen, maar kan u op lange termijn geld kosten.

2. Overweeg het inhuren van een bedrijf dat live telefoonbeantwoording biedt of, nog beter, lokale, off-site receptionistendiensten waar uw oproepen live worden beantwoord en klanten worden bediend. Oproepen kunnen discreet worden aangekondigd en in real time met u worden verbonden. Sommige receptionistenbedrijven organiseren ook ter plekke afspraken voor u.

3. Systemen - U moet tijdens een recessie prioriteit geven aan uw verkoop- en klantenservicesystemen. Nu is het tijd om een systeem op te bouwen voor het ondersteunen van consumenten in persoon en via de telefoon.

Als u al een verkoop- en klantenservicesysteem gebruikt, kunt u dit evalueren en verbeteren. De consument vertrouwen geven door hem een consistente, gepolijste, professionele ervaring te bieden wanneer hij contact opneemt met uw bedrijf.

Klanten zijn meer bereid om hun zuurverdiende geld bij uw bedrijf te besteden als ze meer vertrouwen hebben (vooral in moeilijke economische tijden). Een zelfverzekerde houding aannemen wanneer weinig mensen dat doen, geeft uw bedrijf geloofwaardigheid.

Wanneer de economie verbetert en de inhaalvraag naar goederen en diensten vrijkomt, kunnen investeringen in de juiste gebieden van uw organisatie een gunstig rendement opleveren.

HOOFDSTUK 7: HOE U KUNT STOPPEN MET PIEKEREN EN UW AANDACHT KUNT RICHTEN OP BEDRIJFSGROEI!

In het bedrijfsleven, net als in het leven, moet je weten dat je verkrijgt waarop je je concentreert. Als je je concentreert op wat je wilt, zul je het ontvangen; evenzo, als je je concentreert op wat je niet wilt, zul je het ook ontvangen. Een cliënt van mij zei onlangs ronduit: "Mensen praten zichzelf een recessie in."

Je zult waarschijnlijk angst, stress, vrees, enz. ervaren als je je concentreert op iets wat je niet wenst. Onthoud dat zorgen de manier zijn waarop je geest je eraan herinnert om je te concentreren op wat je wilt.

Een zelfrealiserende voorspelling.

Te veel mensen zijn zo in beslag genomen door wat ze niet willen en willen vermijden, dat ze niet inzien wat ze wel kunnen hebben en welke mogelijkheden er nu zijn.

Hoe vaak denk je niet aan het slechtste scenario of wat er mis zou kunnen gaan, en als dat gebeurt, zeg je: "Ik wist dat het zou gebeuren"? Het is een self-fulfilling prophecy geworden, omdat wetenschappelijk is aangetoond dat de geest geen onderscheid kan maken tussen levendige beelden en de werkelijkheid. Op grotere schaal geldt hetzelfde voor de economie.

Ik heb economische voorspellingen zien veranderen in self-fulfilling prophecies. Als voldoende consumenten en bedrijven economische voorspellingen accepteren en hun gedrag dienovereenkomstig aanpassen, worden de voorspellingen bewaarheid.

Consumenten en bedrijven veranderen hun aankoop- en investeringsbeslissingen op basis van hun toekomstoptimisme. Wanneer pessimistische economische verwachtingen overheersen, wordt het gedrag van consumenten en bedrijven dienovereenkomstig gewijzigd, en dalen de uitgaven en investeringen. Wanneer daarentegen de voorspellingen overvloedig zijn, stijgen het vertrouwen, de uitgaven en de investeringen, en creëren wij als samenleving hoogconjunctuur.

Ik heb onlangs talloze unieke ontmoetingen gehad in winkels. Zelfs op netwerkbijeenkomsten heb ik gezien hoe sommige bedrijfseigenaren een cynische discussie aangingen toen ze werden ondervraagd over hun bedrijf. Ik zag hoe de pessimistische kijk van het personeel hun gedrag en de kwaliteit van hun klantenservice beïnvloedde.

Door hun preoccupatie met onheil en somberheid missen ze volledig de mogelijkheden om relaties met andere bedrijven aan te gaan en verwijzingen en mogelijkheden voor cross-promotie te creëren. Zij genereren een self-fulfilling prophecy; wie wil er zaken doen met of doorverwijzen naar negatieve mensen?

Soort zoekt soort. Om goede mensen en kansen aan te trekken, moet u eerst positiviteit uitstralen. Besteed dus speciale aandacht aan de houding van uzelf en uw team op dit moment. Als u een teamleider bent, behoud dan een gerichte houding (en moedig uw teamleden aan hetzelfde te doen) zodat hun serviceniveau aan bestaande en nieuwe klanten hoog blijft.

Dit is nu belangrijker dan ooit om u te onderscheiden van de concurrentie. Met een positieve instelling bent u beter in staat om kansen te zien en te grijpen wanneer ze zich voordoen. Welke self-fulfilling prophecy wenst u dat uw bedrijf creëert?

De controle terugkrijgen.

Focussen op wat je kunt beïnvloeden is de beste methode om weer controle te krijgen over je bedrijf en de gebeurtenissen om je heen. U kunt uw gedachten, gevoelens en handelingen (inclusief hoe u reageert op situaties en mensen) beheersen.

Focussen op anderen, gebeurtenissen of omstandigheden waarover je geen controle hebt, kan leiden tot frustratie. Als je je concentreert op wat je onder controle hebt, voel je je gelukkiger en ben je beter in staat kansen te benutten.

Hier is een robuuste aanpak om u te helpen u te concentreren op uw doelstellingen en actie te ondernemen:

1. Denk aan een komende gebeurtenis waarover je onzeker of angstig bent, zoals een presentatie, een promotie, een vergadering, enz.
2. Verduidelijk je gewenste resultaat voor de gebeurtenis.
3. Stel je een filmscherm voor en zie jezelf als een acteur of actrice in de film die de toekomstige gebeurtenis uitbeeldt.
4. Terwijl u naar de film kijkt, stelt u zich voor dat de situatie zich precies zo ontvouwt als u zou willen, dat u de discussies hoort die u zou willen horen, en dat u de emoties ervaart die u zou willen ervaren.

5. Observeer hoe u zich nu beter voelt over de gebeurtenis en er op anticipeert.

Zeer succesvolle ondernemers en atleten visualiseren een goede vergadering of wedstrijd met behulp van deze strategie. Volgens onderzoek presteren atleten die visualiseren dat ze een succesvolle wedstrijd repeteren en hebben even goed op de wedstrijddag als atleten die fysiek repeteren en oefenen voor de wedstrijd.

Stel je voor hoe je je zou voelen als je de leiding over je leven zou nemen en je zou concentreren op wat je kunt beheersen, en welke impact dit zou hebben op de groei en het succes van je bedrijf.

HOOFDSTUK 8: EERDER ACTIEF DAN PROACTIEF ZIJN.

De meeste bedrijven onderzoeken hun uitgaven tijdens de huidige economische crisis, maar zijn niet bereid hun algemene financiële toestand opnieuw te evalueren. In plaats van hun bedrijfsvoering of bereik aan te passen, zullen zij in de kosten snijden, werknemers ontslaan - meestal te beginnen met de verkoop - en hun kop in het zand steken totdat zij tekenen van herstel zien.

Dat is één aanpak, maar misschien niet de meest effectieve. Voor wie openstaat voor alternatieve perspectieven, is hier een andere manier om de huidige situatie te bekijken:

Focus in eerste instantie op klantenservice.

Bel uw consumenten en bespreek hun specifieke omstandigheden. Vraag hoe de economische neergang hun bedrijf zal beïnvloeden, vergelijkbaar met het bespreken van de olifant van 600 pond in uw woonkamer. Vraag hen hoe u hen kunt helpen hun bedrijf uit te breiden ondanks de recessie. Vraag hen naar hun droomklant en hoe u een introductie zou kunnen vergemakkelijken.

Wanneer de economie het moeilijk heeft, zijn uw consumenten uw grootste troef. Zorg ervoor dat u voor hen zorgt of dat ze elders werk zoeken wanneer de economie verandert.

Hun behoeften voorspellen.

Tijdens een periode van laagconjunctuur kunt u gratis Word-, Outlook- en Excel-trainingen geven aan het personeel van uw klanten. Als u een uur de tijd neemt om een webinar voor uw klanten te plannen, kunt u uw betrokkenheid en gevoeligheid voor hun behoeften tonen.

Vermijd beslissingen gebaseerd op angst.

Inkrimpen mag, maar niet uit angst. Elke beslissing die reactief en uit angst wordt genomen, zal vaak niet het optimale resultaat opleveren.

Historisch gezien werden er meer miljonairs gecreëerd in de jaren 1930 na de beurscrisis. Waarom?

De mogelijkheid is te koop.

Dit is een ideale gelegenheid om uw product te variëren. Als u nog niet eerder back-up diensten aan uw eindgebruikers hebt geleverd, kan dit een prachtige kans voor u zijn om te beginnen met het ontwikkelen van een marketingstrategie om dat te doen.

De meeste mensen met wie u samenwerkt weten dat de economie zich zal herstellen. Bovendien zijn ze waarschijnlijk zeer geïnteresseerd in het aanpakken van hun inefficiënties, waardoor dit het ideale moment is om met hen te praten over het verbeteren van hun IT-efficiëntie.

Wat zijn uw voornaamste zorgen?

Verzin geen excuses. Zowel tijdgebrek als geldgebrek zijn slechts excuses.

De bruiloft van je beste vriend nadert. De bruiloft zal plaatsvinden op een privé strand in Hawaï. Je rijke vriend zorgt voor een retourvlucht en strandaccommodatie. Ook zijn alle eten en drinken gratis, je hoeft alleen maar aan boord te gaan. Er is maar één vlucht die om 5:30 naar Hawaï vertrekt.

Als je de vlucht mist, kun je de bruiloft niet bijwonen. Oh, en je krijgt 10.000 dollar voor het instappen. Er is geen mogelijkheid dat je die vlucht mist, tenzij je besloten hebt het huwelijk niet bij te wonen.

Wat is uw primaire motivatie om zaken te doen? Houdt u zich regelmatig bezig met de meest winstgevende bedrijfsuitbreiding?

De meeste mensen zullen de tijd vinden om hun interesses na te streven. Als het opbouwen van uw bedrijf niet langer uw passie en waarde is, moet u de sector verlaten. Uw bedrijf is slechts zo robuust als zijn zwakste schakel.

Wat is uw meest waardevolle bezit?

U moet evalueren waarom uw grootste troef niet uw klanten zijn.

De contacten die u hebt gecultiveerd zijn uw inkomstenbron en marktintelligentie. De meeste ondernemers presteren goed bij de start van hun onderneming, maar verliezen hun contacten zodra ze succes ervaren. Dit is een algemene trend die ik in alle sectoren waarneem, maar die in de IT-sector kan worden verergerd door het fulfillment-aspect van dienstverlening.

Onderhoudt u de communicatie met uw klanten?

Wanneer de economie begint te stagneren, vinden bedrijven het veel moeilijker om zich via netwerken een weg te banen naar nieuwe prospects en beginnen ze te geloven dat het creëren van nieuwe bedrijven onmogelijk is.

Toch ontdekken de meeste bedrijven dat een consequente aanpak het gemakkelijker maakt om nieuwe klanten te werven. Kies een activiteit waarvoor u elke dag of week tijd inplant. Voer bijvoorbeeld dagelijks een bepaald aantal gesprekken met huidige cliënten of plan een koffie- of lunchbijeenkomst met collega's.

Uw marketing- en verkoopvaardigheden verbeteren.

In de geschiedenis van onze economie gaat het vaak slechter voordat het beter gaat. Maar meestal worden ze beter. Het is essentieel om vandaag hard te werken, zodat u, wanneer het beter gaat, de vruchten van uw inspanningen kunt plukken. Het perfecte gebruik van uw energie en tijd is het verbeteren van uw marketing- en verkoopvaardigheden.

De meeste eigenaren van IT-bedrijven zullen beamen dat ze niet goed zijn in verkoop, en degenen die beweren goed te zijn, zijn niet zo goed. De meesten van ons in de verkoop hebben te maken met een constante strijd om te verbeteren en typische fouten te vermijden.

Laten we zeggen dat u één nieuwe aanpak per maand leert die u helpt één nieuwe deal te sluiten. Dat zijn twaalf recente verkopen per jaar die u niet had gekregen als u niet in verkooptraining had geïnvesteerd. Zelfs als u slechts zes nieuwe overeenkomsten per jaar sluit, is het overduidelijk dat deze investering onmiddellijk rendement oplevert.

Op de lange termijn zullen de organisaties die nu goed aan marketing doen succesvoller zijn.

Volgens de meeste marketingspecialisten zijn er 17 tot 29 aanrakingen nodig voordat een consument klaar is om te kopen. Het optimale moment om een marketingplan te starten was zes maanden geleden; het op één na beste moment is nu.

Het gebruik van laaggeprijsde, grote aantallen gerichte aanrakingen is de meest effectieve methode om een nieuw klantenbestand op te bouwen. Naarmate meer mensen online onderzoek doen, wordt uw website het meest effectieve middel om nieuwe klanten te werven.

Richt uw opleiding op het creëren van autoresponders, het evalueren van web analytics, en geautomatiseerde marketing tactieken die het eenvoudig maken voor prospects om zich bezig te houden met uw producten en diensten.

HOOFDSTUK 9: STRATEGIEËN VOOR BEDRIJFSSTABILISATIE TIJDENS EEN RECESSIE.

Mijn vriendin Roseline belde me gisteren om mijn mening te vragen over wat haar accountant haar net had verteld. Roseline kreeg de opdracht een "overlevingsplan" voor haar bedrijf te ontwikkelen. Ze verzette zich daartegen en vroeg mijn voorzichtigheid en mening.

Roseline was ongelukkig. Haar accountant adviseerde haar niet alleen de kosten te verlagen, maar ook te overwegen een of twee werknemers te ontslaan, ziekte- en persoonlijke dagen te schrappen en ieders loon te verlagen.

Ze weet dat veel kleine ondernemers dit advies krijgen. Zij vroeg zich echter af of dit wel het beste advies was. Zijn er alternatieve adviezen te overwegen?

Recessies zijn typisch moeilijk. Momenteel heerst er tegenspoed. Maar in een recessie zitten geeft je geen toestemming om dramatische maatregelen te nemen of domme zakelijke beslissingen te nemen. Nee. Dit is het moment om zorgvuldig de stappen te beoordelen die nodig zijn om uw bedrijf te stabiliseren zonder de groei ervan te belemmeren.

Voordat u een beslissing neemt over een "overlevingsplan", bent u het aan uw bedrijf verplicht om deze tien strategieën te evalueren.

Tien strategieën voor het stabiliseren van uw bedrijf tijdens een recessie.

1. Verlaag uw prijzen niet.

Wanneer de economie vertraagt, is het verlagen van je prijzen het slechtste wat je als kleine starter kunt doen. Veel kleine ondernemers maken zich zorgen en verlagen hun prijzen. Zodra u uw tarieven verlaagt, wordt het een grotere uitdaging om ze in de toekomst te verhogen. Economieën fluctueren. Houd uw prijzen ongewijzigd.

2. Vermijd het geven van diepe kortingen.

Als u normaal 10% korting geeft aan vaste klanten en plotseling een korting van 20% aanbiedt, zullen uw consumenten aannemen dat zij nu kunnen afdingen op tarieven omdat zij weten dat u lager kunt en zult gaan. U kunt niet terug in de tijd. U wilt niet dat dit gebeurt. Handhaaf uw pad. Handhaaf de bestaande korting.

3. Denk klein en verkoop groot.

In plaats van de prijzen te verlagen, herverpakken inventieve ondernemers van kleine bedrijven hun producten en diensten om hun klanten lagere prijzen aan te bieden. Dit is een wijs besluit. In plaats van de kosten van uw producten en diensten te verlagen, maakt u ze toegankelijker door ze in kleinere, aantrekkelijkere verpakkingen te stoppen.

4. Andere betalingsalternatieven aanbieden.

Overweeg het aanbieden van alternatieve betalingsmogelijkheden. Sommige kleine ondernemers zullen baat hebben bij het promoten van hun producten of diensten met een uitgebreid betalingsplan, maar deze strategie is niet voor iedereen weggelegd. Nogmaals, vermijd het verlagen van uw prijs.

5. Uw reputatie verbeteren.

Er is geen beter moment dan nu om uw reputatie te cultiveren. Dit is het moment om een bekende autoriteit in uw beroep te worden door een boek te publiceren, een wekelijks radioprogramma te verzorgen, of te spreken op evenementen in de sector als u dat nog niet bent.

Als je een expert wordt, verhoog je je inkomen, kun je meer vragen voor je diensten en moedig je meer mensen aan om bij je te kopen.

6. Neem de leiding over je gedachten.

De eerste fase is erkennen waar u wel en geen controle over hebt. Hoewel u de Amerikaanse economie niet kunt beïnvloeden, hebt u wel controle over de mate van risico en blootstelling van uw organisatie aan de economie. Vooral tijdens moeilijke momenten moet u mentale controle uitoefenen.

Kies de bedrijfsstrategie die u zult volgen op basis van wat u kunt beïnvloeden.

7. Gebruik een redelijke geesteshouding.

Dit is voor veel mensen een periode van onzekerheid en zorgen. Dit betekent echter niet dat u emotionele en irrationele beslissingen moet gaan nemen. Als u al langer een klein bedrijf heeft, weet u dat een emotionele en irrationele aanpak u niet heeft gebracht waar u nu bent en u ook niet zal brengen naar de bestemming van morgen.

8. Een redelijk perspectief aannemen.

Vraag jezelf, voordat je een belangrijke zakelijke keuze maakt, af: "Maak ik een rationele of emotionele conclusie?" Negeer wat anderen doen. Overweeg de levensvatbaarheid van uw bedrijf op lange termijn terwijl u bepaalt welke kosten u moet elimineren.

9. Een oog voor kansen ontwikkelen.

De sleutel tot het overleven van deze recessie en eerdere economische tegenslagen is het ontwikkelen van een oog voor kansen. In plaats van je terug te trekken, begin je te zoeken naar kansen. Er zijn er nog veel beschikbaar. Uiteindelijk zullen de miljonairs van 2012 zij zijn die vandaag mogelijkheden herkennen en ze aangrijpen.

10. Een alternatieve denkstijl aannemen.

De media willen u doen geloven dat de economische neergang iedereen en alles bedreigt. Dat is niet het geval. Om voorbij de huidige omstandigheden te evolueren, moet je verder kijken.

Denk aan de 94% van de bevolking die werk heeft in plaats van de 6% die werkloos is. Het is niet omdat er een recessie is in de Verenigde Staten dat u ook een mentale recessie moet ervaren. Verander je denken. Wijzig uw productie.

Concentreer je op wat je wilt uitbreiden.

Je hebt dezelfde vierentwintig uur als iedereen. Wat kunt u doen om uw bedrijf uit te breiden tijdens die uren? Waarop je je concentreert groeit. Waarop kun je je concentreren dat zal vermenigvuldigen, uitbreiden of groeien? Wat kun je nu doen om je bedrijf in de toekomst te laten groeien?

Ontslaan of niet ontslaan? Daar gaat het niet om. Het is niet het antwoord om het aantal uren personeel te verminderen, ziektedagen te schrappen of het budget te verlagen alleen maar omdat andere kleine ondernemers dat doen.

We zitten in een recessie. We zullen uit de recessie komen. Overweeg, voordat u "overlevingsplannen" maakt, deze tien strategieën om uw bedrijf te stabiliseren, die uw toekomstige succes niet zullen belemmeren maar verbeteren.

HOOFDSTUK 10: HOE GROTE BEDRIJVEN ZELFS IN MOEILIJKE TIJDEN KUNNEN GEDIJEN.

"Recessie" is een van de meest verkeerd geïnterpreteerde en schadelijke Engelse woorden! Het eenvoudige gebruik ervan lokt krachtige emotionele reacties uit bij klanten en bedrijven, variërend van angst en pessimisme tot een gevoel van absolute mislukking.

Ja, de huidige economische vertraging kan verergeren voordat ze verbetert. Recessies zijn echter niet inherent negatief of ongewenst. Recessies zijn "samentrekkende" periodes, die ons aanmoedigen voorzichtiger om te gaan met onze financiën en uitgaven, verspilling tegen te gaan en middelen te behouden waar ze het hardst nodig zijn. Zie het als het yin en yang van economische cycli.

Voorzichtig: Uw overtuigingen over de recessie kunnen fataal zijn voor uw onderneming.

Onze economie en onze bedrijven kennen vergelijkbare fasen van hoogconjunctuur en recessie. Veel mensen, waaronder u, worden verdrietig of verlamd van het woord "recessie" vanwege hun opvattingen over recessie en de betekenis die zij aan de term toekennen.

Recessie IS gewoon een kwestie van perspectief.

Denise Corrupt.

Afhankelijk van hoe u een recessie waarneemt en erop reageert, zal uw bedrijf ofwel winstgevend groeien of worstelen om te overleven. Hier volgt de top zeven van redenen waarom grote organisaties floreren tijdens een recessie, evenals suggesties voor hoe u hetzelfde zou kunnen doen.

Zelfs in tijden van recessie worden de top zeven redenen besproken waarom grote bedrijven naar de top stijgen.

1. De meest succesvolle bedrijven zetten externe gevaren om in kansen.

De Japanners zijn experts in crisisbeheer en zien gebeurtenissen zoals recessies als tegenstellingen. Dat wil zeggen, noch uitstekend noch verschrikkelijk, maar een combinatie van beide. Het Japanse karakter voor "crisis" staat voor twee verschillende symbolen: gevaar en kans. Deze houding bevordert ontvankelijkheid in plaats van reactiviteit.

Daarom richten de Japanners zich niet op het probleem maar op innovatieve oplossingen. Niet op overleven maar op groei. Niet op verliezen op korte termijn maar op kansen op lange termijn.

Hoe ziet u de huidige economische malaise - als een bedreiging of een kans? Hoe heeft u gereageerd op eerdere economische recessies?

Hoe kan de recessie een kans zijn voor uw bedrijf?

2. Opmerkelijke bedrijven profiteren van de veranderende marktdynamiek.

Een bedrijf kan zich tijdens een recessie ontwikkelen en winst maken als het de onderliggende marktdynamiek begrijpt. Crisissen hebben de neiging veranderingen teweeg te brengen bij individuen. De uitdaging is om snel en direct op dergelijke veranderingen te reageren. Om op deze trends in te spelen, is het essentieel de vijf "W's" aan te pakken."

WHO.

Wie koopt er momenteel? Inkoopgewoonten evolueren, veranderen en heroriënteren vaker dan dat ze afnemen. Hoewel de totale uitgaven kunnen dalen, kunnen deze trends niet worden gegeneraliseerd over alle industrieën en bedrijfssectoren. Op welke opkomende nieuwe markten kunt u zich richten?

WAT.

Welke eisen en voordelen zijn momenteel het belangrijkst voor uw klanten? Bestaan er nieuwe producten of diensten die op deze overgangen kunnen inspelen of als levensvatbaar alternatief voor de bestaande quo kunnen dienen?

WANNEER.

Aan welke behoeften moet de klant onmiddellijk en niet later voldoen? Welke unieke prikkels zullen de consumenten aanmoedigen om vandaag te kopen?

WAAR.

Tijdens een recessie heroverwegen klanten vaak hun aankoopvoorkeuren. Bij welke leveranciers kopen zij momenteel? Hoe kunnen uw artikelen toegankelijker worden gemaakt voor uw doelgroep?

WAAROM.

Het "waarom" heeft betrekking op de onderliggende koopmotieven van klanten. Welke factoren beïnvloeden momenteel de aankoopbeslissingen van consumenten? Welke toekomstverwachtingen hebben klanten? Hoe zullen deze verwachtingen hun huidige koopgedrag beïnvloeden?

3. Grote ondernemingen zetten "slechte" omstandigheden om in goede ontwikkelingen.

In tijden van economische neergang zoeken succesvolle bedrijven naar "de zon in de wolken" en mobiliseren zij hun middelen om deze kansen te grijpen. Zij reageren niet, maar handelen.

Winnaars weten dat hun toekomst niet wordt bepaald door externe gebeurtenissen, maar door hoe zij erop reageren. Zij concentreren zich op wat zij kunnen controleren en reageren proactief op wat zij niet kunnen controleren.

Welke proactieve stappen kunt u nemen in plaats van te reageren op de economische neergang?

Hoe kunt u uw middelen effectiever inzetten om onaangeboorde groei- en winstkansen te benutten?

4. Grote bedrijven creëren manieren voor nieuwe groei door marginale of nutteloze activa "op te ruimen".

Tijdens perioden van expansie en vooruitgang is het gemakkelijk om verslaafd te raken aan overbesteding, "overdrijven" en overmoed. Vaak worden slordige gedragingen, houdingen en gewoonten verborgen. Bedrijven worden vaak onwetend over essentiële grondbeginselen en "verspilling".

Grote bedrijven profiteren van trage periodes om zich te ontdoen van "overtolligheid" - d.w.z. alle verspilling van tijd, geld of personeel die weinig of niets oplevert. Zij creëren ruimte voor verdere uitbreiding en inkomsten. Om op hun best te zijn, concentreren zij zich op hun sterke punten.

Welke uitgaven, projecten of activiteiten zuigen de middelen van uw bedrijf op? Welke artikelen, diensten of consumenten belemmeren de winststroom en moeten worden geëlimineerd? Welk operationeel "vet" moet u verwijderen om een slank en winstgevend bedrijf te worden, vooral in de huidige economische neergang?

5. Grote bedrijven scherpen hun veerkrachtspieren aan om ook in moeilijke tijden te floreren.

Versnelde verandering, toenemende complexiteit en toenemende gevaren zijn de nieuwe bedrijfsrealiteit in de 21e eeuw. Een bedrijf moet veerkracht ontwikkelen om externe schokken te doorstaan die het kunnen beschadigen.

Aanvankelijk is veerkracht een mentaliteit. Veerkrachtig denken zet twijfel om in zekerheid, angst in actie, en tegenspoed in een voordeel. Op organisatorisch niveau resulteert veerkracht uit een robuuste cultuur gericht op operationele flexibiliteit, personeelsloyaliteit en teamwerk.

Grote bedrijven herstellen niet alleen van een enkele crisis of tegenslag. Zij ontwikkelen hun veerkracht. Zij ontwikkelen het vermogen om te anticiperen op het onverwachte en vinden voortdurend nieuwe bedrijfsmodellen en tactieken uit naarmate de omstandigheden zich ontwikkelen.

Hoe veerkrachtig is uw organisatie om terug te komen van crisissen of tegenslagen, op een schaal van 1 tot 10?

Welke maatregelen kunt u vandaag nemen om uw vermogen om te anticiperen en te reageren op het onverwachte van morgen te vergroten?

6. Tijdens economische recessies positioneren grote bedrijven zich agressief vóór de concurrentie.

De meeste bedrijven gaan in de verdediging om een economische neergang te overleven, snijden in hun uitgaven, verminderen hun marketinginspanningen en maken hun producten en diensten courant.

Grote bedrijven doen juist het tegenovergestelde. Zij positioneren zich om te slagen tijdens een recessie door promoties te verhogen, nieuwe producten sneller uit te brengen en hun zichtbaarheid te behouden. Door nieuwe kansen te grijpen, onderscheiden bedrijven zich tijdens de recessie en positioneren ze zich voor exponentiële expansie zodra de economie zich herstelt.

Neemt uw bedrijf momenteel een offensieve of defensieve houding aan? Welke drie agressieve methoden kan uw bedrijf toepassen om zijn aanwezigheid op de markt te handhaven? Hoe kunnen de defensieve reacties van uw concurrenten u nieuwe groei- en winstkansen bieden?

7. Opmerkelijke bedrijven ontdekken het "leren" en het "grotere doel" dat in moeilijke situaties schuilt.

Onze grootste obstakels zijn onze meest waardevolle instructeurs. Hun "grotere doel" is het beïnvloeden van onze gedachten, gedragingen, tactieken en activiteiten om onze toekomstige ontwikkeling te vergemakkelijken.

Bedrijven die negatieve schade ondervinden van een recessie kunnen nooit het grotere doel begrijpen dat zo'n periode kan bieden. In plaats daarvan zien ze alleen het negatieve, reageren ze uit angst en nemen ze een slachtoffermentaliteit aan.

Grote bedrijven daarentegen zien recessies als leermomenten. Zij erkennen dat de gedachten en technieken uit het verleden onvoldoende zijn om de problemen van vandaag aan te pakken.

Recessies moedigen deze organisaties aan om dichter bij hun klanten te komen, hun koers opnieuw te evalueren en innovatieve maatregelen te nemen. Hun opgang naar de top is vaak het resultaat van hun ideeën, houdingen en antwoorden op dergelijke moeilijke omstandigheden.

Hoe houden uw gedachten en strategieën van gisteren u vandaag tegen? Welke nieuwe perspectieven en gedragingen moet u omarmen om te floreren in de huidige economische neergang? Hoe zou uw organisatie kunnen verbeteren als gevolg van de recessie?

Een recessie kan een zegen in vermomming zijn als u het in de juiste context bekijkt. Ten minste 85 procent van de overleving of het succes van uw bedrijf tijdens een recessie heeft u zelf in de hand. U bepaalt zelf hoe u de recessie ziet, erop reageert en ervan leert en ontwikkelt. De bedrijven die slagen zullen naar de top stijgen. Wilt u zich bij hun rangen voegen?

HOOFDSTUK 11: UW BEDRIJF LATEN GROEIEN, ONGEACHT DE MARKTOMSTANDIGHEDEN.

Mensen in de buurt worden kleine eekhoorns. Ze verzamelen hun noten en zaden als voorbereiding op de "lente". Omdat ze niet met niets willen achterblijven als de economie weer aantrekt, laten ze kansen liggen om hun resterende hulpbronnen te bewaren. Dit is de verkeerde actie op dit moment. Mensen moeten hun financiële status versterken, maar geen geld in hun bed verstoppen en hun kop in het zand steken.

Bereid je voor op de recessie.

Maak als eerste stap een duidelijk en beknopt plan met uw doelstellingen voor de komende drie jaar. Neem in uw plan een uitgebreide momentopname op van uw huidige financiële situatie.

U hebt wat werk te doen als u uw maandelijkse inkomsten en uitgaven niet hebt bijgehouden. U kunt geen veranderingen aanbrengen voordat u uw huidige situatie kent. Nadat u een uitgangssituatie hebt vastgesteld, kunt u bepalen waar u over drie jaar wilt staan.

Denk aan de hoeveelheid geld die u zou willen verdienen en de zaken die u in uw leven zou willen hebben, zoals een nieuwe auto, huis, speelgoed, donaties aan goede doelen, geld voor de school van uw kind, enz. Zodra u deze factoren hebt overwogen, berekent u de kosten die met elk ervan gepaard gaan.

Met uw huidige financiële plaatje en uw "droom"-lijstje klaar, kunt u bepalen hoeveel u de komende drie jaar moet verdienen om uw doelen te bereiken. Hoe meer geld u wenst, hoe meer service of "inspanning" u zult moeten leveren.

Uitvoering van het plan.

U zult schuldvermindering en vermogensopbouw in uw plan willen opnemen. Wijs uw bestaande geld toe aan deze doelstellingen op een manier die voor u comfortabel is. Neem een maandelijks herhalingsbedrag op wanneer u een zakelijke of beleggingsrekening opent.

Als u zich alleen maar richt op het wegwerken van schulden, zult u handelen in zakelijke vooruitzichten totdat al uw schulden zijn afbetaald. Deze cyclus is niet effectief. U zult nooit aan uw doelen en aspiraties kunnen werken zonder fondsen.

We kennen allemaal de schuldencyclus. Net als u op het punt staat uw schulden af te betalen, gaat de auto stuk, of heeft iemand een beugel nodig. U kunt investeren en uw bedrijf uitbreiden door maandelijks geld te sparen op een vermogensopbouwende rekening.

Vooruitgaan terwijl anderen zich terugtrekken.

Naarmate uw vermogensopbouwrekening groeit, moet u zoeken naar deals en mogelijkheden om uw bedrijf uit te breiden of een nieuw bedrijf te starten. Een voorbeeld hiervan zijn adviseurs voor werkzoekenden. Nu de arbeidsmarkt krimpt, hebben steeds meer mensen hulp nodig om zich te onderscheiden van andere sollicitanten.

Er zijn veel methoden waarmee een ondernemer mensen kan helpen bij het vinden en krijgen van werk. Je moet ook op zoek gaan naar nieuwe benaderingen om de spullen die je gebruikt vaak te verbeteren. Nieuwe en verbeterde spullen zullen altijd een markt vinden. Ga ook goed letten op het marktgedrag van miljonairs en, meer in het bijzonder, miljardairs.

In tijden van economische onrust vergaren veel mensen enorme rijkdom. Als u goed oplet, zullen zij een schat aan informatie verschaffen over betrouwbare bedrijven en gebieden waarin het verstandig zou zijn te investeren. Alles hangt af van hoe je denkt en hoe goed je bereid bent om obstakels het hoofd te bieden.

Uw capaciteiten en mentaliteit verbeteren.

Uw kennis en, nog belangrijker, uw zelfvertrouwen vergroten is een van de essentiële dingen die u kunt doen om uw verdienpotentieel te verhogen. Elke week een boek lezen of een motiverende film zien kan u het vertrouwen geven om uw doelstellingen na te streven.

Terwijl u zit te zeuren over de economie, gebeurt er niets. Mensen die niet bang zijn om in zichzelf te investeren en actie te ondernemen, zelfs terwijl anderen zich voor de wereld verstoppen, zullen in dit nieuwe tijdperk worden beloond.

Denk ten slotte eens na over het soort leven dat je wilt leiden en hoe je nu al leeft. Gelooft u dat uw bestaande gewoonten, activiteiten en ideeën in overeenstemming zijn met het leven dat u wilt creëren? Wat kun je doen om deze drie elementen in harmonie te brengen?

Zodra u uw gewoonten, acties en overtuigingen te veranderen, zal je hele leven te transformeren, en je zult in staat zijn om de rijkdom die u verdient te creëren.

Tot slot, overweeg het soort leven dat u wilt leiden en hoe je al leeft.

Gelooft u dat uw bestaande gewoonten, activiteiten en ideeën in overeenstemming zijn met het leven dat u wilt creëren?

Welke stappen kun je nemen om deze drie elementen op elkaar af te stemmen?

Zodra u uw gewoonten, acties en overtuigingen te veranderen, zal je hele leven te transformeren, en je zult in staat zijn om de rijkdom die u verdient te creëren. Stel een dagelijks doel om iets nieuws te leren uit deze boeken. Het zal je wereldbeeld veranderen.

HOOFDSTUK 12: CONCENTREREN OP INNOVATIE, NIET OP RECESSIE.

De wereld is net geëvolueerd. De oude wereld van de financiële dienstverlening bestaat niet meer, en als gevolg daarvan zijn veel van de werkgelegenheidsvooruitzichten die u nastreefde misschien verdwenen.

De promotie die u nastreefde is misschien niet meer beschikbaar. De bonus waarvoor u negen maanden hebt gezwoegd, komt er misschien niet. Misschien bestaat de bank waarvoor u wilde werken niet meer. De vertrekstrategie op lange termijn die u in gedachten had, kan plots onrealistisch blijken.

Betekent dat alleen maar kommer en kwel? Voor sommige mensen misschien wel. Maar voor wie vooruitdenkt, is dit een fantastische kans om zichzelf opnieuw uit te vinden in plaats van zich zorgen te maken over alle berichten over recessie en achteruitgang.

Nu financiële instellingen het zware proces ondergaan om zichzelf opnieuw uit te vinden om te voldoen aan de eisen van een wereld met meer regelgeving, lagere winsten en tragere groei, zou u zich moeten richten op het opnieuw uitvinden van uzelf en uw carrière, ongeacht of u getroffen bent door herstructureringen en ontslagen.

In mijn loopbaan heb ik mezelf drie keer opnieuw uitgevonden. Elke keer was een moeilijke markt de katalysator. Elke keer bleek de moeilijke gebeurtenis het beste in mijn professionele leven.

Hoewel het op dit moment misschien niet zo voelt, kan de huidige markt het beste zijn wat u ooit is overkomen.

Hier zijn vijf strategieën die ik heb ontdekt om je beroep opnieuw vorm te geven in een uitdagende economie:

1. Blijf actueel (binnen redelijkheid)

U moet op de hoogte zijn van wat er op de markt gebeurt om u aan te passen aan de steeds veranderende eisen. Maar u hoeft niet elke geschreven voorspelling te lezen.

Het consumeren van overdreven apocalyptische nieuwsartikelen en angstaanjagende profetieën zal u verlammen van angst, waardoor u niets doet. "Niets doen" is een slechte strategie in een wereld waar alles snel verandert.

2. Houd uw aandacht bij uw voordelen.

Elke bank rationaliseert haar activiteiten om zich te concentreren op haar kernactiviteit, waar zij in een ideale positie verkeert om de markt de meeste waarde te bieden. Dit is precies wat u nu zou moeten doen: u concentreren op het heruitvinden van uw belangrijkste activa en onderscheidende vaardigheden en deze vervolgens aanbieden aan organisaties (uw eigen en andere) die daarvan kunnen profiteren.

3. Focus op plezier.

Dat lees je goed: "leuk."

Proberen jezelf opnieuw uit te vinden in een rol die je denkt te moeten spelen of waarvan anderen denken dat die "goed voor je zou zijn" is geen goed idee. Elk transformatieproces gaat gepaard met zware inspanningen, obstakels en tegenslagen. Als je iets nastreeft waarvoor je weinig passie hebt, heb je een beperkte kans om tegenslagen te overwinnen of obstakels te overwinnen.

Richt je in plaats daarvan op het vinden van banen met activiteiten die je leuk vindt. Banen die gebruik maken van de vaardigheden die je graag gebruikt en waarmee je samenwerkt met anderen met wie je graag omgaat.

4. Experimenteer aanzienlijk meer.

Sommige mensen weten dat ze zichzelf en hun baan willen veranderen, maar weten niet hoe.

Maar hier is een geheim: je hoeft het niet te weten. De enige manier om het antwoord te bepalen is door experimenten uit te voeren. Observeer iemand, bied je diensten aan als vrijwilliger en probeer verschillende beroepen uit. Begin dan te observeren tot wat je je aangetrokken voelt; wat je aantrekt is meestal een goede indicator van het type waar je in zou moeten veranderen.

5. Blijf je richten op de droom.

De meeste mensen hebben minstens één droom. Een visie of groot plan voor hun gewenste toekomstige levensstijl. Het is iets dat hen tegelijkertijd verrukt en beangstigt. Dit is het moment om aandacht te besteden aan die droom. Een uitdagende markt is een kans om uw droom te verwezenlijken; innovatie is het voertuig dat u daar veel sneller zal brengen dan u ooit had durven dromen.

Dus vertel me, welke droom heb je altijd voor jezelf gehouden? Hoe kun je het proces van heruitvinden dat je gaat ondernemen gebruiken om op koers te blijven met je overtuigende visie? Kun je op dit moment doorgaan met de actie?

Uw onderzoek.

Plan de komende dagen 60 minuten in je agenda om deze lijst te evalueren en aan de slag te gaan met je heruitvinding. Voordat u antwoordt: "Ik heb geen tijd", wil ik u eraan herinneren dat het niet om 'tijd' gaat, maar om prioriteiten. Dit is het perfecte moment om jezelf op de eerste plaats te zetten en te investeren in je persoonlijke ontwikkeling om ervoor te zorgen dat je voorbereid bent op een nieuwe markt.

Het woord 'heruitvinden' klinkt als een term die voorbehouden is aan politici, artiesten en entertainmentfiguren. Dit is echter niet het geval. We vinden onszelf allemaal opnieuw uit gedurende ons leven en onze banen. Het proces van heruitvinden is een integraal onderdeel van je groei en ontwikkeling. Wat je carrière betreft, ga je slechts van het ene HOOFDSTUK naar het andere.

In de geglobaliseerde en onderling verbonden wereld waarin we ons nu bevinden, maakt herstructurering deel uit van ieders loopbaan. Als gevolg daarvan zullen we allemaal veel meer loopbaanhoofden hebben dan vorige generaties. Bijgevolg zult u veel meer verhalen met uw kleinkinderen kunnen delen wanneer u met pensioen gaat.

Dus ook al is de financiële wereld de afgelopen twee weken verschoven, zie de huidige toestand van de sector en de economie als een kans om de volgende fase van uw carrière in te luiden. Een kans om uw eigen verhaal te schrijven in plaats van dat uw werkgever of krantenkopschrijvers dat voor u doen.

HOOFDSTUK 13: STRATEGIEËN VOOR HET VERHOGEN VAN DE VERKOOP TIJDENS EEN RECESSIE.

Mensen en bedrijven zijn niet helemaal gestopt met uitgeven. Ze zijn gewoon kieskeuriger en risicomijdender in hun aankoopbeslissingen.

Als u deze vier slimme technieken toepast om de recessie te bestrijden, zult u er ongeschonden uitkomen.

Vier Recessie-ontwijkende Marketing Strategieën.

1. Doe een gratis kennismakingsaanbod. Bijvoorbeeld, de online winkelwagen die ik gebruik biedt een gratis proefperiode van 30 dagen. U kunt zich aanmelden, de winkelwagen configureren en gebruiken voor echte

transacties zonder te betalen tot de 30e dag. (Op dat moment, bent u verslaafd!)

De koper kan alle artikelen vóór de 30e dag terugsturen en zal geen kosten in rekening worden gebracht. Voor niet-maandelijkse diensten kunt u de creditcardgegevens van de klant of een cheque vooraf verzamelen, waarbij u garandeert dat u de kaart niet zult belasten of de rekening niet zult terugsturen als de klant niet tevreden is.

2. Informatieproducten creëren en op de markt brengen. Informatieproducten bieden potentiële klanten een weinig risicovolle en vrijblijvende manier om een aanbieder te leren kennen en uiteindelijk te vertrouwen. U kunt ze verkopen aan doe-het-zelvers die zich misschien geen volledige service kunnen veroorloven en aan frequente klanten die geïnteresseerd zijn in het leren over een nieuw onderwerp.

De informatieproducten zorgen niet alleen voor een andere inkomstenstroom tijdens de crisis, maar zullen dat ook blijven doen wanneer de economie zich herstelt (wat zeker het geval zal zijn) zonder enige andere inspanning. Begin klein, bijvoorbeeld met korte, downloadbare rapporten of audio-opnames van interviews met deskundigen, om binnen enkele weken dingen klaar te hebben voor de verkoop.

3. Bepaal hun polsslag. Wat hebben uw klanten het meest direct nodig?

Besteed aandacht aan de aarde. Observeer de klachten, vragen en wensen van uw doelgroep in e-mail discussiegroepen en online forums. Voeg een nieuw product of dienst toe of pas een bestaand aan op basis van uw kennis over hun problemen.

Laten we aannemen dat u meer vragen dan normaal ziet op financiële forums van koppels die bijna met pensioen gaan of ouders met meerdere kinderen op de universiteit. U kunt gemakkelijk seminars, rapporten en telefonische hotlines organiseren voor deze specifieke groepen.

4. Streef public relations na. Investeer een beetje moeite om te begrijpen wat nieuwswaarde heeft in de

ogen van de media en gebruik pitch letters en persberichten om uw bedrijf of uzelf te promoten. Om media-aandacht te krijgen, belt u gewoon de nieuwsredactie van uw grootstedelijke krant of televisiestation en legt u uit waarom u het lokale aspect bent van de belangrijke kwestie van vandaag.

Tijdens een recessie kunt u een grotere kans hebben om 15 minuten van roem te bereiken, omdat uw concurrenten hun PR-bureau mogelijk hebben verlaagd. Google "press release makeover service" om een kosteneffectief compromis te vinden tussen het maken van uw berichten en het vragen van iemand anders om het voor u te doen.

In plaats van te luisteren naar individuen die lopen te jammeren dat de hemel valt, zou je deze recessie-savvy methoden kunnen gebruiken. U zult met een glimlach en een enorme bankrekening terugkijken op de tijden van onheil en somberheid.

CONCLUSIE.

Overal hoor je dat de economie in een recessie komt, op de rand van een depressie staat of zich in een recessie bevindt. Het is genoeg om gek van te worden. Hoewel het waar is dat er in de wereld van vandaag financiële problemen bestaan, is het ook waar dat de voortdurende discussie over financiële rampen bijdraagt tot de ontwikkeling van deze omstandigheden.

Als mensen alleen maar horen hoe verschrikkelijk de economie is, dat er ontslagen op komst zijn en dat we nog maanden, zo niet jaren, geldproblemen zullen hebben, worden ze terughoudend met uitgeven. Als mensen geen geld uitgeven, gaat de economie achteruit. Het blijkt een self-fulfilling prophecy te zijn.

Hoe kun je goed omgaan met deze moeilijke economische omstandigheden waar we allemaal mee te maken hebben? Hier zijn enkele nuttige suggesties.

Blijf weg van de angst en het onheil van de media.

Ik kijk meestal naar het nieuws op televisie of luister ernaar tijdens het rijden. De veelvuldige stroom van negatieve informatie maakte het voor mij onmogelijk om optimistisch te blijven over mijn financiële situatie. Ik werd steeds ongeruster over de toekomst. Ik heb ervoor gekozen me los te koppelen van de media. Ik weiger te lezen of te horen hoe verschrikkelijk de dingen zijn. Daardoor ben ik aanzienlijk positiever over mijn toekomst.

Als je je zorgen maakt over de huidige situatie in de wereld, kun je publicaties vermijden die voortdurend beweren dat het einde van de wereld nabij is. Maak je geen zorgen - je wordt geïnformeerd als er iets echt belangrijks gebeurt.

Besef dat je prestatie niet het resultaat is van toeval.

Het succes dat je nu ervaart is het resultaat van wie je bent. Het is geen toeval. Het is niet alleen een kwestie van geluk, want je hebt gewerkt om waarde te creëren voor anderen en plukt nu de vruchten van je inspanningen.

Het feit dat de economische omstandigheden veranderen, betekent niet dat uw succes onder u verdwijnt. U beschikt over een succesbewustzijn, dat u zal helpen succes te boeken in het steeds veranderende economische klimaat.

Volgens een oud spreekwoord, als je al het geld zou nemen en het gelijk zou verdelen, zouden de miljardairs snel weer miljonairs worden omdat ze een succes- en welvaartsbewustzijn hebben. Uw succes is het resultaat van uw bewustzijn; niemand kan het u afnemen, tenzij u dat toestaat.

Stel u uw voortdurend succes voor.

Houd een mentaal beeld van jezelf in stand als een succesvol persoon. Zie hoe anderen je uitstekende kansen bieden die resulteren in een overvloedige beloning. Lijkt dit ongelooflijk? Dat is het niet. Het is een zeer effectieve succes techniek. Ralph Waldo

Emerson zei: "We worden waar we de hele dag aan denken."

We handelen allemaal naar hoe we onszelf in onze geest zien. Door een mentaal beeld van uw prestaties te handhaven, geeft u anderen onbewust het signaal dat u succesvol bent. Je voortdurende voorspoed zal onvermijdelijk het gevolg zijn.

Het is niet eenvoudig, maar het is de moeite waard.

Als u denkt dat dit eenvoudig is, vergist u zich. Met al het geklets over de achteruitgang van de vastgoedmarkt, ben ik misschien gek. Maar het is denkbaar. Mijn eigen ervaring en de ervaringen van andere succesvolle mensen hebben mij echter geleerd dat als we onze geest beheersen, we ons lot in handen hebben.

Volgens William James "is de grootste revolutie van onze tijd het besef dat mensen de uiterlijke kenmerken van hun leven kunnen veranderen door de innerlijke houding van hun geest te veranderen." Het was accuraat toen William James het zei en het blijft accuraat nu. Recessie-proof uw mindset, zodat u kunt blijven genieten van alles wat het leven te bieden heeft.

Managementvaardigheden voor managers.

- Timemanagement voor managers
- Werknemerscoaching voor managers
- Teambuilding voor managers
- Zelfvertrouwen voor managers
- Onderhandelingsvaardigheden voor managers
- Klantenservice vaardigheden voor managers
- Assertiviteit voor managers
- Zakelijke etiquette voor managers
- Luistervaardigheden voor managers
- Leiderschapsvaardigheden voor managers
- Communicatievaardigheden voor managers
- Presentatievaardigheden voor managers
- Stressmanagement voor managers
- Besluitvorming voor managers
- Conflictbeheersing voor managers.

Serie: Financiële vrijheid op elke leeftijd.

- Financiële vrijheid bereiken in de 20
- Financiële vrijheid bereiken in de 30
- Financiële Vrijheid bereiken in uw 40er jaren
- Het bereiken van financiële vrijheid in uw 50er jaren
- Het bereiken van financiële vrijheid in uw jaren 60
- Het bereiken van financiële vrijheid in uw 70er jaren en daarna.
- Het bereiken van financiële vrijheid bij kinderen
- Het bereiken van financiële vrijheid bij tieners
- Financiële Vrijheid bereiken bij studenten.
- Financiële oplichting om op te letten bij pensionering.

Serie: Persoonlijke financiën voor jou.
- ➢ Crypto kopen en verkopen voor beginners
- ➢ Waarom beleggen in dividendaandelen zinvol is.

Serie: Rijkdom 2022.

- ➢ Online ondernemen.
- ➢ Uw eigen bedrijf starten
- ➢ Vermogensbeheer
- ➢ Passief inkomen.
- ➢ 12 stappen om een eigen bedrijf te starten.

Serie: Uitstekende klantenservice.
- ➢ Uitstekende klantenservice in de detailhandel
- ➢ Uitstekende klantenservice in fastfood
- ➢ Uitstekende klantenservice in full-service restaurants
- ➢ Uitstekende klantenservice in het onderwijs
- ➢ Uitstekende klantenservice in onroerend goed.
- ➢ Uitstekende klantenservice in een callcenter
- ➢ Uitstekende klantenservice als receptionist
- ➢ Uitstekende klantenservice in een hotel
- ➢ Uitstekende klantenservice in de verkoop
- ➢ Uitstekende klantenservice, ongeacht de situatie.
- ➢ Uitstekende klantenservice in tandartspraktijken

- Uitstekende klantenservice in medisch kantoor.

Serie: Snel geld.

- Snel geld in een week
- Snel geld verdienen in een weekend
- Snel geld in een maand
- Snel geld voor studenten.

Serie: Hoe promoten.

- Hoe uw receptenboek promoten
- Hoe uw kinderboek promoten.

Andere boeken van D.K. Hawkins.

- Hoe uw bedrijf bloeit tijdens een recessie
- Meerwaarde creëren voor klanten
- Kansen herkennen om de cashflow te verhogen.
- Recessies zijn wanneer miljonairs en miljardairs worden gecreëerd.

Auteur Bio

D.K. Hawkins. D.K. leest graag persoonlijke zakelijke boeken en brengt graag tijd buiten door. Meer boeken zullen komen in deze collectie, dus volg op Amazon voor meer boeken.

Bedankt voor uw aankoop van dit boek.

Ik stel het echt op prijs en waardeer u, mijn uitstekende klant.

God zegene U.

D.K. Hawkins.

www.ingramcontent.com/pod-product-compliance
Lightning Source LLC
Chambersburg PA
CBHW070232220526
45465CB00004B/1397